You're so French
MEN !

SECRETS D'ÉLÉGANCE MASCULINE

Photographies
Frédérique Veysset

Illustrations
Clément Dezelus

Conception graphique et mise en page
Dimitri Maj

ISBN : 978-2-7324-5721-5

You're so French MEN !

SECRETS D'ÉLÉGANCE MASCULINE

Frédérique Veysset
Isabelle Thomas

Sous la direction de Caroline Levesque

Éditions
de La Martinière

SECRETS D'ÉLÉGANCE

PORTRAITS D'ÉLÉGANTS

« L'ÊTRE QUI NE VIENT PAS SOUVENT À PARIS NE SERA JAMAIS COMPLÈTEMENT ÉLÉGANT. »

Traité de la vie élégante par Honoré de Balzac

Après quelques années où l'apparence ne semblait pas être leur priorité, les Français recommencent à s'intéresser à l'élégance. Moins soucieux de devenir des gravures de mode que des hommes bien dans leur costume, ils osent prendre soin d'eux et se réapproprier des codes vestimentaires oubliés. Ils se plaisent dans une veste en tweed parfaitement ajustée plutôt que dans un tee-shirt peu inspirant, apprécient la douceur d'un cachemire ou d'un coton égyptien, s'intéressent aux magazines masculins, aux blogs, de plus en plus nombreux et pointus, dédiés au style. Pas aussi appliqués que les flamboyants Italiens mais plus souples que les *so chic* Anglais, ils font souffler un air d'insolente liberté sur la planète mode. Rarement habillés de neuf des pieds à la tête, ils savent « se fabriquer un look » à peu de frais. Ils privilégient des souliers légèrement usés mais bien patinés à une paire immaculée sans personnalité et n'hésitent plus à associer créateurs et enseignes. *So french !*

Et puis l'élégance, ce n'est pas seulement un style, c'est aussi une manière d'être très française, inspirée de la courtoisie, née au XIIe siècle dans les cours de notre pays pour vanter un nouvel art d'aimer. Nos compatriotes ont préservé cet héritage désuet et délicieux mais pas toujours bien interprété à l'étranger. Idéal l'homme français ? Sans doute pas. Tant mieux, nous n'aimons pas ce qui est trop lisse. La perfection nous intéresse moins que ces petits paradoxes qui reflètent si bien l'esprit frenchy : charmeurs mais dragueurs, romantiques mais volages, généreux mais désinvoltes, esthètes mais un brin arrogants, gourmands mais parfois trop bon vivants, les Français assument les défauts de leurs qualités !

GALANTS JUSQU'AU BOUT DE LA NUIT

IL PARAÎT QUE LA FRANCE EST LE PAYS DES HOMMES GALANTS ! PAS SI SÛR À VOIR LE NOMBRE DE JEUNES GOUJATS TRANQUILLEMENT ASSIS DANS LES BUS OU LES MÉTROS BONDÉS, TANDIS QUE PERSONNES ÂGÉES ET JEUNES MAMANS ÉCOUTENT, IMPUISSANTES, LEURS AVENTURES VANTÉES DANS DES SMARTPHONES DE MOINS EN MOINS DISCRETS.

AU SIÈCLE DERNIER, C'ÉTAIT ADMIS, L'HOMME FRANÇAIS SAVAIT SE MONTRER GALANT. Il était celui qui aidait une femme à porter des paquets trop lourds, qui lui laissait sa place dans le tramway, qui lui tenait la porte…

« De toutes les façons de faire cesser l'amour, la plus sûre c'est de le satisfaire », disait Marivaux. En d'autres termes, c'est la poursuite qui est amusante, pas la réalisation du désir. C'est là toute l'ambiguïté de la galanterie, elle sous-entend un rapport de séduction pas très « politiquement correct ». Tous ces petits codes et gestes hérités des siècles passés facilitent la vie des femmes par des attentions portées par des hommes pressés de leur plaire – comme jadis, les chevaliers servants se prosternaient aux pieds de leur bien-aimée. « Au Moyen Âge, le chevalier se soumet à des épreuves imposées par sa Dame pour lui plaire et la conquérir », nous explique Anne de Marnhac, auteur de *Beauté : Histoire, florilège et astuces* (Éditions de La Martinière). « Il est le vassal consentant d'une suzeraine toute-puissante et doit discipliner ses appétits charnels. *Le Roman de la rose* fait l'éloge du respect absolu que l'on doit à une Dame, la chair n'est pas exclue mais se mérite. Ce sont deux femmes et deux reines, Aliénor d'Aquitaine et Marie de France,

qui vont instaurer ce modèle de l'amour courtois au XIIe siècle. »
« Quand on a été femme à Paris, on ne peut être femme ailleurs », aimait à dire Montesquieu. Les Américaines estimaient cela désuet mais délicieux, les Danoises et autres femmes venues du froid hésitaient, quant à elles, à trouver « correctes et convenables » ces délicates mais suspectes attentions. Mais que serait la France sans le bonheur de plaire, de séduire, de se faire aimer et de jouer à conquérir ?

ARCHAÏQUE, RINGARDE ET SEXISTE POUR LES UNS, SIGNE DE CONSIDÉRATION ET DE RESPECT POUR LES AUTRES, la galanterie française est l'héritière directe de cet esprit chevaleresque né au Moyen Âge, mais c'est Louis XIV, jeune roi séduisant et grand amoureux, qui l'impose à sa cour : « Les femmes possèdent des privilèges que n'ont pas les hommes du même rang. »
Oui, le beau roi aime tellement les femmes qu'il oblige la cour entière à leur montrer respect et considération ; on dit même qu'il saluait jusqu'aux chambrières. Au XVIIe siècle, « en France, la participation des femmes à la vie de la société tranche sur les usages du reste du monde. L'influence des femmes est omniprésente dans la vie culturelle et politique », explique Claude Habib, dans son livre *Galanterie française* (éditions Gallimard).
Avec la galanterie, l'homme propose mais la femme a le dernier mot. En d'autres termes, elle est libre de dire non et l'homme doit se soumettre à ce refus avec fair-play et désinvolture.
« C'est l'écroulement de la société de cour puis de l'Empire napoléonien qui va conduire à ce modèle de la fragilité féminine, véhiculé par la bourgeoisie en pleine ascension sociale. La femme au foyer devient la référence, la pudibonderie et la pruderie entravent les femmes comme les corsets qu'elles portent. Une femme qui prend un amant est déshonorée. La vertu et les principes moraux deviennent les critères : on doit être une femme respectable, les autres, les femmes perdues, sont bonnes à culbuter. C'est Bel-Ami qui, accompagné de madame de Marelle, ignore Rachel – la fille de mauvaise vie avec laquelle il a couché – quand il la croise ; elle le traite d'ailleurs de mufle, l'antithèse absolue du "galant homme" », précise encore Anne de Marnhac.

LA FAIBLE FEMME, L'OIE BLANCHE QUE L'HOMME DOIT MÉNAGER ET PRÉSERVER, CONCEPT POSTRÉVOLUTIONNAIRE ? L'accès au travail, l'indépendance financière (ce n'est qu'en 1971 que les femmes auront le droit d'avoir leur propre carnet de chèques !), la révolution sexuelle, l'évolution des mentalités et la contraception ont fait de la femme, en théorie du moins, l'égale de l'homme. Bardot et Sagan, deux femmes fortes et puissantes, solaires, libres et affranchies de tout préjugé, étaient sensibles aux hommages des hommes sans suspecter chez eux de la condescendance ou de la misogynie ! Elles appréciaient juste ce qui leur était dû.

CE QU'ON AIMERAIT VOIR PLUS SOUVENT :

✖ Oui, vous pouvez tenir la porte dans le métro, et pas qu'aux femmes d'ailleurs.
✖ Inutile de hurler dans votre téléphone, on a bien compris que c'était vous le plus beau du quartier !
✖ Vous lever quand une femme quitte la pièce, c'est très vieux jeu, mais tellement chic.
✖ Laisser votre place dans le bus ou le métro à une personne âgée ou à une femme, ce peut être de la galanterie, mais c'est surtout de la courtoisie.
✖ Laisser les gens descendre du wagon sans vous précipiter la tête la première est la moindre des politesses.

VOUS POUVEZ VOUS EN PASSER :

⊖ Le baisemain, un peu dépassé non ?
⊖ Insister quand elle dit non et qu'elle vous repousse.
⊖ Faire des remarques super-lourdes comme : « C'est à vous ces beaux yeux-là ? » ou « On vous a déjà dit que vous étiez jolie ? » Non, on n'aime pas, ça nous met mal à l'aise, c'est tout.
⊖ Même si votre smartphone ou votre tablette est portable, ne l'emmenez pas dans votre lit, s'il vous plaît !

PARLEZ-VOUS FRANÇAIS ?

Si nous n'avons pas inventé le *Kamasutra,* nous avons fait fleurir un langage érotico-pornographique hautement savoureux. Depuis les poètes du Moyen Âge en passant par les écrivains libertins du XVIIe siècle, nous n'avons jamais cessé de réinventer la langue crue ou fleurie de l'amour. Le *Dictionnaire érotique* du linguiste Pierre Guiraud (éditions Payot) révèle notre exceptionnelle productivité verbale. Ainsi, le « coït » est désigné par plus de 1 300 synonymes, le « pénis » et le « sexe féminin » par 600 chacun ! C'est sans doute pour cela que la réputation de *french lover* fait toujours des ravages outre-Atlantique, notamment dans le cœur de quelques stars américaines. Le *french kiss* n'est pas seul responsable.

« Cet engin donc avec quoi les garçons pissent s'appelle un vit, et quelquefois il s'entend par le membre, le manche, le nerf, le dard et la lance d'amour, et quand un garçon est tout nu, on voit cela qui lui pend au bas du ventre, comme une longue tette de vache, à l'endroit où nous n'avons qu'un trou pour pisser. »
L'Escole des filles ou la philosophie des dames, ouvrage anonyme publié en 1655.

ALAIN FROMAGER
COMÉDIEN ET METTEUR EN SCÈNE

Est-ce qu'il existe un art de vivre et un comportement spécifiques à la France ?

Passer du temps à table et préparer de bons petits plats chez soi, c'est un art français. L'image de la France. Il y a des émissions de cuisine sur toutes les chaînes. Les chefs d'aujourd'hui sont devenus des stars. Je viens d'un milieu ouvrier et paysan comme 80 % des Français, j'ai été élevé avec de bons produits simples et toujours de très, très bonne qualité. Je n'ai jamais vu ma mère ouvrir une boîte de conserve à la maison, à part les boîtes de sardines. Elle cuisinait tout elle-même. De nos jours, trouver de bons produits est devenu un luxe, et une vraie quête. Il faut avoir le temps de faire les rayonnages et de lire les étiquettes pour trouver le bon produit sans colorant, sans OGM, sans produit chimique. Ou alors, prendre le temps de faire les marchés. Le sentiment de la perte d'un savoir français traverse toutes les couches de la société.

Ça a commencé avec la cuisine, il y a un vrai engouement pour cet art, même parmi les jeunes générations. Et comme la plupart des enfants de ma génération, j'ai été élevé dans le respect de la politesse et de la courtoisie : bien se tenir à table, parler correctement, ne pas dire de gros mots, ne pas interrompre les conversations des adultes, laisser sa place dans le métro aux personnes âgées, dire bonjour, merci, etc. Mon père était maçon et il tenait à cette éducation, pour lui c'était la base pour vivre en société.

**Jean blanc Ralph Lauren.
Manteau vintage. Pull Tommy Hilfiger.
Foulard Orla Kiely. Souliers John Lobb.**

« J'AIME LES JEANS BLANCS, J'EN AI CINQ OU SIX QUE JE PORTE INDIFFÉREMMENT ÉTÉ COMME HIVER ! »

Chaussures en matériau
de récupération Solerebels
from Éthiopie.

« JE SUIS ATTENTIF À LA PROVENANCE DE MES VÊTEMENTS, J'ACHÈTE PEU, MAIS DES PIÈCES QUI DURENT. MA FEMME ME FAIT RAPIÉCER TOUS MES VÊTEMENTS DÈS QU'ILS SONT USÉS AVEC DES TISSUS LIBERTY OU DE JOLIES ÉTOFFES, DE JOLIES COUTURES, DE JOLIS FILS. JE GARDE ET JE M'ATTACHE À MES VÊTEMENTS. »

Veste à rayures Old England. Jean Paul & Joe rapiécé avec du Liberty. Sweat à capuche American Apparel. Sneakers D&G. Casque Nutcase.

Veste militaire de
chez Surplus Doursoux,
rapiécée et reprisée
avec du Liberty.
Chemise achetée
il y a vingt ans
chez Monoprix.

> « L'ÉLÉGANCE C'EST LA DISCRÉTION, IDEM DANS LES RAPPORTS HUMAINS. ÉTALER SES MARQUES C'EST IMPOSER QUELQUE CHOSE À L'AUTRE. »

Vos pièces fétiches ?

J'aime les vestes rayées, plutôt bleues, c'est ma couleur. Je porte toujours un peu la même chose, car je suis à un âge où je me connais. Pour moi, le vêtement doit être agréable à porter et agréable à regarder. Mais ce n'est pas ma principale préoccupation. Je fais énormément de sport, je suis un 100 bornard et, pour courir, je choisis du no logo et du sobre. Le vêtement de sport est aussi devenu un domaine où le logo est omniprésent. C'est une forme d'ostentation, le contraire du raffinement. Or l'élégance c'est la discrétion, idem dans les rapports humains. Étaler ses marques c'est imposer quelque chose à l'autre.

Vous êtes un amoureux de la langue française

Mes parents étaient d'un milieu modeste et il n'y avait pas de livres chez moi ; mes premières lectures, c'est à l'école que je les ai faites. En primaire, j'ai joué un spectacle de fin d'année, et cet amour de la littérature et des beaux textes est né là. J'ai été traversé par cette langue, par les formes qu'elle peut prendre pour exprimer des émotions, des sentiments. Au théâtre, à la différence du cinéma ou de la télévision, en travaillant sur un alexandrin on se rend compte qu'il y a des choses qui choquent notre oreille contemporaine, car la langue a changé, évolué. La manière de parler, le vocabulaire employé modifient le corps et sa gestuelle. C'est pareil dans la vie, les mecs de banlieue ne parlent pas et ne bougent pas de la même manière que les jeunes issus des beaux quartiers parisiens. La langue et l'accent créent une appartenance, permettent une reconnaissance. Le français était la langue de l'aristocratie européenne et de la diplomatie, c'est une langue précise et musicale. C'est une langue subtile aux règles très strictes, à la grammaire complexe, dont la maîtrise ou les erreurs situent tout de suite socialement la personne qui parle. À une époque, on pouvait reconnaître le métier des gens à leur vocabulaire. On est, avec l'Allemagne où chaque Land a son théâtre national, le pays de la culture. La France est un modèle au point de vue de la culture ; on a pléthore de festivals de musique, de danse, de théâtre, d'art de la rue, avec toute l'activité économique que cela induit. La production des romans en France, avec tous ces prix – Renaudot, Femina, Goncourt… – est l'une des plus importantes du monde. Trois cent cinquante spectacles à Paris par soir, les nombreuses expositions. Oui, Paris est encore « la Ville lumière ».

FAITES L'ÉCOLE BUISSONNIÈRE ET PRENEZ DES COULEURS !

LE RAPPORT À LA MODE DES HOMMES FRANÇAIS A CHANGÉ : IL Y A ENCORE QUELQUES ANNÉES, ILS CHOISISSAIENT DU FONCTIONNEL, ACCOMPAGNÉS DE LEUR ÉPOUSE OU DE LEUR SŒUR. AUJOURD'HUI, ILS SONT DEVENUS FRIANDS DE MODE ET CONNAISSEURS.

« Le succès du GQ français le montre, l'homme français s'intéresse à la mode, il ne craint plus de mettre à mal sa virilité en choisissant seul les pièces de son dressing », remarque Gérald Tesson, styliste DA au Bon Marché. « Hedi Slimane a modifié l'image que l'homme avait de son corps, il a fait du costume une tenue “mode”, il en a fait une pièce sexy en faisant évoluer la coupe pour être plus près du corps : il a raccourci la veste, affiné le pantalon. Des tas de marques se sont engouffrées dans la brèche, même une griffe comme Zenia s'est inspirée de cette nouvelle ligne. »

LA « GÉNÉRATION CHÈCHE », VOUS CONNAISSEZ ? Foulard « doux-doux » autour du cou, c'est le signe de reconnaissance de ces jeunes trentenaires qui garent leur Vélib' devant les cafés du canal Saint-Martin, du Haut-Marais ou de Saint-Germain-des-Prés. « L'écharpe, le chèche ou même le carré ont largement remplacé la cravate. Ces accessoires apportent désormais la touche de couleur ou le motif fort. Avant, l'écharpe servait uniquement à tenir chaud, en laine ou en cachemire, souvent grise, bordeaux ou d'une couleur neutre, parfois à rayures ; aujourd'hui, des matières fluides et légères comme le jersey, la soie, la maille fine, les viscoses... ouvrent des possibilités énormes. Dries Van Noten qui fait depuis des années des pièces avec des motifs et aux couleurs vives, parfois brodées ou ethniques, a ses fidèles qui complètent régulièrement leur collection », confirme Gérald Tesson.

Marc Guyot, tout de Marc Guyot vêtu.

Loïc Joachim du fameux blog « Les Frères JO' ».
Costume Gant Rugger, foulard Wicket. Belle allure non ?

Veste écossaise Victoire Homme, pour mettre de la gaieté sur le bitume.

Malgré leur allure désinvolte et leur mèche dans les yeux, les Français maîtrisent parfaitement les codes de leur tribu, savent où trouver la parka du moment et les bonnes baskets vintage. « Comme les Françaises, ils ont appris l'art du mixage, précise Vincent-Louis Voinchet, cofondateur de La Comédie Humaine. Ils savent associer une veste Dior à un tee-shirt H&M, porter une chemise avec une veste en laine, décaler un pantalon classique avec une chemise en jean… Et surtout, ils fuient les marques monogrammées, trop ostentatoires et associées à la banlieue. Ils préfèrent un luxe plus discret tout en refusant de consommer pour consommer. » Pour cette génération qui a grandi avec la crise, on n'a pas loupé sa vie si on n'a pas de Rolex à 50 ans ! En revanche, elle est devenue exigeante et privilégie le confort et la qualité, s'informant sur les matières et la fabrication.

ON VOUS LE CONFIRME : CES BEAUX GARÇONS RETOURNENT LEUR VESTE POUR LIRE L'ÉTIQUETTE.
Ils préfèrent un « 100 % coton » à un « 100 % acrylique », un « made in France » ou un « made in Italy » à un « made in China ». C'est nouveau, ils militent pour la mode responsable. Précurseurs de cette prise de conscience économico-écolo, ils fuient la *fast-fashion* – cette malbouffe du vêtement – au profit d'une mode durable et bien pensée. Des marques comme Kitsuné et Acne ont su apporter une nouvelle énergie et un nouveau regard sur la mode masculine. « Derrière ces nouvelles marques, il y a aussi des “collectifs de talents”, des créateurs qui viennent d'autres horizons comme la musique, la communication ou l'art. Ils ne sont pas forcément passés par des écoles de stylisme. Leur mode n'est pas compliquée, elle s'inspire de pièces simples mais intemporelles comme le barbour ou le blazer, qu'elle revisitera », nous explique Gérard Tesson.

MAIS L'HOMME NE CONSOMME PAS COMME LA FEMME : lorsqu'il a trouvé la marque qui lui convient, il lui est fidèle, alors que la femme est plus habituée à picorer, voire à bouder une griffe qui aurait raté sa saison. Le succès de la série *Mad Men* aidant, ces hommes redécouvrent l'élégance masculine, le plaisir de prendre soin de soi, ils reprennent avec curiosité les codes hérités de leurs grands-parents : pantalon coupé dans une jolie étoffe, veste cintrée, brillantine dans les cheveux, souliers sur mesure et savoir-faire à la française.
« Comédie Française est née de ces codes, expliquent les jeunes fondateurs de la marque. Même si les rares fabricants français travaillent pour l'industrie du luxe et qu'il est plus simple de faire produire en Chine, nous avons choisi l'option made in France. Nous sommes aussi partis du constat que la majorité des hommes détestent le shopping : lorsqu'ils trouvent un vêtement qui leur convient, ils rachètent le même modèle. Quel plaisir d'acheter sans essayer ! »

Veste J. Keydge et pochette leather clutch ManneQuin.

COMMENT MANIER LA COULEUR ?

Après quelques décennies de costumes tristes et de jeans noirs, gris ou bleu nuit, les hommes osent s'aventurer vers la couleur. C'est arrivé doucement avec les écharpes ou les étoles et cela touche maintenant toutes les pièces du vestiaire masculin.
« C'est dans les étoffes et les couleurs que l'homme est aventurier, car en ce qui concerne les formes, il reste sobre et classique », affirme Florence Riboud, DA chez Victoire Homme.
« Les trentenaires et les quadras osent les pantalons safran et les vestes écossaises de couleur. Même les jeunes se sont mis aux vestes qu'ils portent courtes et cintrées, presque comme des cardigans. »
Oui, les couleurs ne sont plus réservées aux femmes : prune, garance, taupe, vermillon, jaune de Naples, bleu de Prusse, on voit de plus en plus d'hommes tenter avec talent les camaïeux ou les mélanges osés. Même une matière comme le lycra dont les hommes ne voulaient pas entendre parler il y a quelques années a fait son entrée dans le vestiaire masculin.
« Le grand changement, c'est qu'avant la mode était faite pour les femmes et qu'aujourd'hui, elle est faite pour les hommes ET pour les femmes », s'amuse Agnès Riboud. Le grand gagnant de cet engouement est le pantalon : été comme hiver, il se conjugue de toutes les couleurs. On peut le porter court et étroit à l'italienne ou de façon plus sobre, à la française, mais plus besoin d'être triste pour être élégant.

« Marier les couleurs et les matières nécessite du doigté : dans les deux cas, il faut savoir ne pas trop en faire. Nous privilégions la simplicité et la subtilité dans l'association des couleurs, nous préférons les camaïeux, surtout choisis dans des tons sourds et neutres (taupe, bleu, gris...) qu'on viendra casser avec une touche plus vive ou plus forte, afin de surprendre. Trop de couleurs dans une tenue s'annulent et l'effet est manqué ! Apprenez à regarder autour de vous : si les couleurs se marient bien dans la nature ou dans la rue, comme le gris du bitume avec le vert foncé des bouches de métro, il y a des chances que cela fonctionne aussi sur vous ! » Swann et Loïc Joachim, fondateurs du blog « Les Frères JO' ».

Chapeau Wegener acheté dans une friperie du Marais à Paris. Blouson en cuir et tee-shirt Zadig & Voltaire.

ELIOTT MERCIER

ÉTUDIANT

COCRÉATEUR DE L'ASSOCIATION « THE HIMALAYAN FARM PROJECT »

Qu'est-ce que l'élégance pour vous ?

L'élégance, c'est surtout vivre en harmonie avec soi-même et être en paix avec les autres. C'est respecter la beauté de la vie, de la nature. La première élégance se voit dans les yeux, dans le regard, pas dans l'apparence physique qui peut être trompeuse. Un beau costume sur un être avide et cupide ne rend pas un homme élégant.

« JE NE SUIS PAS ALLÉ CHEZ LE COIFFEUR DEPUIS TROIS ANS, JE LAISSE À MES MEILLEURS AMIS EN QUI J'AI CONFIANCE LE SOIN DE ME COUPER LES CHEVEUX. »

Vous vivez une grande partie de l'année en Inde, cela a dû changer votre regard ?

J'ai découvert l'Inde l'année dernière, j'ai été guidé et modelé par ce pays. Vivre là-bas est une expérience différente, on y trouve ce qui fait défaut à l'Occident : le cœur, la gentillesse entre les gens, le partage et l'authenticité. À Paris, la rudesse des rapports entre les gens me pesait beaucoup. En Inde, on prend vraiment conscience que l'élégance n'a rien à voir avec l'argent ! Les femmes, même dans les bidonvilles, sont belles, propres, elles transcendent la beauté avec leurs saris colorés, leur maquillage. Il y a un vrai respect pour la beauté dans ce pays : les gens vivent dans des conditions terribles et ils sont magnifiques. En France, on vit avec un masque social. Les gens ont peur d'aller vers l'autre et de se montrer tels qu'ils sont, or l'élégance c'est aussi accepter l'autre tel qu'il est.

Chaussures recyclées, retapées et peintes par Rodolphe Renou, jeune créateur et artiste français.

Veste faite sur mesure par un tailleur en Thaïlande. Écharpe rapportée de Bangalore. Pantalon Notify. Tee-shirt Elliot Sindall trouvé à Londres.

Vue de l'étranger, comment vous apparaît la France ?

Elle perd son âme, car elle est trop attachée à son passé. Elle a peur de recréer, de renaître de ses cendres. Mais c'est aussi un pays où l'on respecte la beauté du passé, où l'on connaît le poids de son histoire. Les jeunes générations ont un vrai rôle à jouer pour créer quelque chose de nouveau sur ces fondations, on manque juste d'un peu de courage.

C'est facile d'être un homme aujourd'hui ?

En France, c'est compliqué, à cause de notre tradition de galanterie très ancrée dans l'inconscient collectif. Les femmes demandent beaucoup aux hommes, elles sont accrochées à des critères qui viennent du passé. Elles attendent souvent d'un homme qu'il suive une certaine conduite sociale. L'argent, aujourd'hui, ne sert plus qu'à acquérir des biens matériels alors qu'avant, c'était aussi un moyen de s'élever intellectuellement et culturellement.
Pourtant, j'apprécie la galanterie, je trouve que c'est une façon d'exprimer aux femmes mon respect. Elles sont maltraitées dans plein de civilisations, car l'homme est jaloux de ce don qu'elles ont de donner la vie. Il aimerait avoir ce pouvoir de vie et d'amour.
Ce sont elles qui maintiennent les racines et la cohésion du foyer ; c'est pour cette raison que les hommes s'agitent autant autour d'elles.

Comment avez-vous trouvé votre style ?

J'ai porté un uniforme à l'école, ça a été très difficile, car je l'ai vécu comme un code social et non pas comme une façon de gommer les différences.
En fait, il fallait avoir un certain col et des chaussures de ville, or des chaussures de ville il y en a de 50 à 500 euros !
En Angleterre, où j'ai fait une partie de mes études, tout le monde porte le même uniforme, donc il est plus difficile de se différencier socialement par son vêtement. Quand je suis arrivé dans cette école en France, je venais d'une école publique, j'étais skater, je portais des baggys, des tee-shirts, j'avais toujours les rollers aux pieds. C'était confortable et faire les meilleurs *rides* était tout ce qui comptait pour moi !
D'ailleurs, je n'ai pas tellement changé sur ce plan-là, j'aime être à l'aise et me sentir bien dans mes vêtements, je ne veux plus porter de vêtements par obligation.
En fait, mon style change, car j'aime m'adapter à mon environnement. Je dirais que c'est un mélange du Parisien et du Londonien que j'ai été, et de l'Inde que j'ai découverte.

C'est quoi le luxe pour vous ?

La liberté, c'est le plus grand luxe.
De mouvement, d'expression et de pensée. La liberté d'être ce que l'on veut être. Sentir le cuir, sentir le tissu, sentir les pages d'une vie qui se tournent bien trop rapidement. Respirer, et ne plus vouloir rien d'autre que sa liberté.

Chemise rapportée de Bangkok. Veste Paul Smith et jean Seven. Sac en cuir réalisé par un artisan indien de Jodhpur.

OÙ SONT LES HOMMES ?

NOUS AVONS VOULU RENCONTRER SOPHIE FONTANEL, AUTEUR DE *L'ENVIE* (ÉDITIONS ROBERT LAFFONT) ET DE *L'AMOUR DANS LA VIE DES GENS* (ÉDITIONS J'AI LU), DONT LE REGARD BIENVEILLANT ET AIGUISÉ SUR LA MODE ET SUR LES HOMMES NOUS INTERPELLE.

LES FRANÇAIS SONT-ILS DES PARANGONS D'ÉLÉGANCE ?

Pour Sophie Fontanel, cette notion est différente selon l'endroit où l'on se trouve. Du point de vue de nos compatriotes, elle concerne une poignée d'hommes. Mais de l'étranger, c'est de tous les Français qu'il s'agit. Preuve que la réputation peut se construire sur une minorité. Pourtant, même s'ils ne méritent pas tous la palme d'or de l'élégance, les *frenchies* s'en sortent bien : « Alors qu'à Londres, les hommes sont habillés exactement comme John Steed, d'une façon très tenue, il y a chez les Français une espèce d'air qu'ils laissent passer à travers leurs vêtements. Même lorsqu'ils sont très soignés. Pour moi, l'élégance, c'est un jean APC avec ce bon délavage si difficile à obtenir, un caban marine et un bonnet. Les Français ont su se bâtir une allure avec peu de choses, voilà ce que nous envient les étrangers. Et puis, à part un voiturier du Costes, contraint à l'uniforme, jamais vous ne verrez un Français habillé en noir des pieds à la tête. Alors que le monde entier pense que la garantie de l'élégance c'est un costume noir, des chaussures noires et une chemise blanche, lui préférera une chemise bleu ciel et des chaussures en daim chocolat. »

Messieurs, attention, les chaussures vous trahissent ! Plus un homme est macho, plus sa chaussure est pointue. On déteste !

« Le problème, c'est que pour beaucoup d'hommes, porter des baskets est considéré comme un coming out. » Dommage ! Rassurez-vous, on peut être chic avec des jolies baskets ou des chaussures montantes en daim.

« TU ES LE GRAND SOLEIL QUI ME MONTE À LA TÊTE QUAND JE SUIS SÛR DE MOI. »

Paul Éluard, *Le Phénix*.

Sneakers Florian Werner.

LE BOBO EST-IL SÉDUISANT ?

Leur problème, c'est que la plupart sont tombés dans la marmite de la mode sans le savoir. Ils copient-collent les tendances en oubliant de prendre du recul. Or, nous nous méfions des *fashion victims.* De ces hommes qui portent la dernière barbe à la mode sans se demander si ça leur va, qui arborent des cheveux sales parce que c'est « cool », des baskets trop à la mode et qui circulent à vélo parce qu'à 38 ans, c'est drôle de ne toujours pas avoir son permis. « Les bobos refusent les codes bourgeois de la masculinité mais prônent ceux des femmes, précise Sophie Fontanel. Ils refusent la cravate, mais adorent que les femmes portent des bas. Pour moi, un homme élégant est capable de mettre une cravate ! »

Chaussures Weston.

« IL N'Y A PLUS D'HOMMES » : INFO OU INTOX ?

« Je ne vois que des femmes qui courent après les garçons, constate notre experte. Et elles ont beaucoup de mal ! Dès qu'on repère un bel homme, il y a neuf chances sur dix qu'il soit gay, se plaignent-elles. Les hétéros, avec leurs cheveux longs et leurs poussettes aux roues géantes, elles ne les voient plus. Comme si elles avaient besoin qu'ils se réapproprient quelque chose de masculin. En revanche, les étrangères les remarquent : les Californiennes lassées des surfeurs sont ravies ! » Les hommes doivent-ils se « reviriliser » ? « Déjà, il faut les regarder comme des hommes. Vincent Cassel, vous êtes obligée de le regarder comme un homme : il est grand, fauve dans son corps et assez silencieux. Un garçon de 25 ans, je le vois comme un homme parce que je me sens libérée du cirque de la séduction. Et lui, il me voit comme une femme. Certains hommes de 50 ans me voient comme une personne, or ils n'ont pas envie de passer la nuit avec une personne ! Pour eux, la femme a 22 ans ! Mais les hommes bien dans leur peau ont compris qu'ils avaient plutôt intérêt à échanger avec une personne avec laquelle ils ont de la conversation et des points communs. Ils ont réalisé qu'érotiquement, ils ne perdaient pas forcément à aller vers des corps moins jeunes. Nous n'avons que faire d'un corps tout lisse, le désir s'attache à des rugosités. »

VERS UN RETOUR DU MACHO ?

Sophie Fontanel est ferme sur la question : « Jamais ! C'est une vision arriérée ! Les misogynes disent que nous sommes dures avec les hommes et puisque nous avons cassé la machine de séduction, nous devons la réparer. Non ! La solution, c'est le partage. Mieux vaut reconnaître la complémentarité entre les hommes et les femmes, reconnaître que nous pouvons nous faire mutuellement du bien. On peut avoir besoin de se sentir protégée par un homme et, à d'autres moments, sentir que c'est lui qui a besoin d'être protégé. » De votre côté, messieurs, acceptez le jeu : vous pouvez être un grand lion ou bien un chat, vous pouvez être paternel puis devenir un enfant dans les bras de la personne que vous aimez et qui vous aime.

LES HOMMES ET LE SEXE : C'EST PAS FACILE TOUS LES JOURS !

Nos parents avaient une vie sexuelle avec des hauts et des bas. Mais à partir du moment où l'on continuait à rigoler ensemble, personne ne s'en formalisait. Aujourd'hui, si au bout de deux mois de relation, l'homme a un coup de mou, on s'inquiète sans réfléchir : « Ça ne marche pas entre nous. » Et on (se) casse. « Les pauvres se sentent obligés de nous désirer, constate Sophie Fontanel. C'est pour éviter la crise que certains préfèrent aller voir ailleurs. Le problème, c'est qu'ils sont dans un piège : ils sont posés soit comme des êtres soumis à la tentation qui ne pensent qu'à ça, soit comme des impuissants. C'est oublier un peu vite leur sexualité louvoyante. Heureusement certains hommes se disent, comme dans *Les Valseuses* (le film de Bertrand Blier) : "On bandera quand on aura envie de bander !" Le libertinage, c'est aussi dans la tête. Personne ne vous oblige à faire l'amour, on a droit à des pauses, à des câlins, des rigolades... Jubilons ensemble et rassurons-nous mutuellement. Nous sommes un pays de fins gourmets : buvons les yeux des hommes, buvez les yeux des femmes. »

VALMONT OU L'AMANT ? QUI EST L'AMANT IDÉAL DES FRANÇAISES ?

Le héros des *Liaisons dangereuses,* le roman épistolaire de Pierre Choderlos de Laclos, est bien trop sournois et cruel. Sophie Fontanel lui préfère celui de *L'Amant* de Marguerite Duras : « Un homme avec lequel on est à l'aise nue, pas sadique et gentil. » Duras écrit : « Comme tout le monde, il attend l'occasion de la plus grande gentillesse. » Une phrase qui nous fait rêver. La journaliste cite aussi Colette dont les livres évoquent une sexualité très libre et joyeuse, Aragon et Paul Éluard : « Quand j'écoute Jean Ferrat chanter Aragon, j'ai foi en les hommes ! » Et d'évoquer Charles Aznavour, « petit homme de 88 ans, pas très beau... mais quand il chante "Viens pleurer au creux de mon épaule", c'est un homme qui vous regarde. »

CHARLES LECURIEUX-CLERVILLE

AVOCAT D'AFFAIRES

ET ASSOCIÉ DE VALENTINE GAUTHIER, CRÉATRICE DE LA MARQUE ÉPONYME

Est-ce que le vêtement est futile ?

Non, car il est avant tout un moyen d'expression. Une personne extravertie ne s'habillera pas de la même manière qu'un être timide ou réservé. Pour les personnes qui connaissent son langage, le vêtement est un révélateur, on est dans la communication non verbale. Prendre soin de soi est important pour la confiance en soi, pour dégager de l'aura, et cela peut aider à convaincre et à remporter l'adhésion des autres. On a souvent une perception positive de quelqu'un d'élégant. Avant de rencontrer Valentine, ce que je portais n'était pas construit pour exprimer ma personnalité. Elle m'a appris à décrypter les codes du vestiaire masculin, à mixer les pièces qui le composent pour qu'une allure cohérente avec ma personnalité s'en dégage.

Pull Valentine Gauthier.
Écharpe rapportée d'un voyage en Inde.

« VALENTINE GAUTHIER A FAIT CE PULL POUR LES FEMMES ET DEPUIS QUE JE LE PORTE, ELLE LE VEND AUSSI POUR LES HOMMES. »

Comment définiriez-vous votre style ?

À mon image, discret et introverti. Je n'apprécie pas l'ostentatoire, mais j'aime depuis toujours les accessoires élégants, comme les montres, les sacs ou les lunettes. Étant très grand (1,93 m) et mince, m'habiller a longtemps été un problème, car le choix se résumait à des vêtements ajustés mais trop courts ou adaptés en longueur mais beaucoup trop larges. Ne correspondant pas au standard, je devais faire retoucher mes vêtements, ce qui m'a éloigné de la mode. Quand j'ai commencé à porter la barbe, mon style a évolué, j'ai moins mis de tee-shirts, leur préférant les chemises – qui m'ont permis de travailler l'image que j'avais de moi-même et même d'appréhender ma récente paternité. Je porte aussi maintenant des gilets en grosse maille et des bottes alors qu'auparavant, j'étais plutôt en sweat-shirt et chaussures de running. Comme je chausse du 46, mon choix de souliers était aussi très restreint.

Votre première image d'élégance ?

Mon père. Je faisais son désespoir de m'habiller en sportswear. Il s'habille chez des tailleurs anglais ou français, porte des Church's, aime les belles matières et les belles coupes. Lorsque j'étais enfant, il ne s'habillait pas comme les autres papas, il était « smart ». Il collectionnait les montres et était très méticuleux. C'est moi qui remettais de l'eau dans sa cave à cigares, j'adorais faire ça, c'était mon job.

Être un homme français a-t-il une signification pour vous ?

Cela implique un certain nombre de règles de savoir-vivre. Les règles de savoir-vivre facilitent les rapports humains et les rendent agréables. J'ai vécu au Japon et je m'y suis senti bien, car ces valeurs y existent aussi. En fait, j'ai abordé la culture japonaise à travers le judo, il y a beaucoup de codes et de règles morales dans ce sport, comme l'honneur, le respect de l'autre, le contrôle de soi, le courage... Cela m'a donné une carte de navigation. Je savais qu'en respectant ces règles en société, je ne commettrais pas d'impair. Les Japonais ont beaucoup d'admiration pour la culture française et, dans leur mémoire collective, le Français est galant et courtois. Au Japon, l'homme n'a pas autant d'égard pour les femmes, c'est une société patriarcale, ce qui fait qu'être un homme français est perçu de manière positive par les Japonaises. Il y a certainement un côté passéiste à être français, car nous sommes rattachés à notre histoire, c'est un atout presque trop lourd. Paris est restée une ville du XIXe siècle.

Néanmoins, de nombreuses personnes de la jeune génération sont conscientes qu'il va falloir bosser dur pour maintenir le niveau de vie actuel du pays et qu'apporter de la modernité à cette définition de l'homme français, marier l'héritage du passé avec le monde contemporain vont demander du doigté et des ajustements précis.

Chemise April77. Jean Levis. Pull Garanteret ren Uld. Bonnet façon marin acheté sur un marché en Bretagne. Espadrilles Espasoule. « J'en ai toute une collection, cela me rappelle mon Sud natal. »

La plus grande inélégance ?

Le manque de respect envers les femmes. L'évolution de notre société contemporaine a permis l'égalité des sexes dans presque tous les domaines de la vie professionnelle autant que personnelle, mais cette évolution dans le bon sens a malheureusement engendré un durcissement des relations entre hommes et femmes : certains hommes ont oublié la galanterie. En tant que papa d'un petit garçon, il est important pour moi de lui montrer le bon exemple pour que plus tard il sache faire preuve de savoir-vivre.

Lunettes Lunor années 1930, totalement pliables, achetées chez Grafea.

« MARIER L'HÉRITAGE DU PASSÉ AVEC LE MONDE CONTEMPORAIN DEMANDE DU DOIGTÉ ET DES AJUSTEMENTS PRÉCIS. »

Slippers Valentine Gauthier.

Veste en peau lainée vintage. Écharpe et chemise Valentine Gauthier. Pantalon Norse Projects. Bottes La Botte Gardiane pour Valentine Gauthier.

Vous aimez faire des cadeaux ou des surprises ?

Ma femme n'aime ni les fleurs ni les surprises, or j'adore en préparer comme prendre un billet d'avion pour aller à la Biennale de Venise, organiser l'hôtel et le séjour… J'ai donc appris à présenter mon cadeau « surprise » de manière différente ! J'aime l'emmener découvrir des restaurants dans un quartier qu'on ne connaît pas. La nourriture est importante dans notre couple, c'est sensuel et artistique, nous aimons partager cela ensemble. C'est un moment qui n'appartient qu'à nous deux, où l'on s'évade.

DO YOU KNOW LA FRENCH ETIQUETTE?

OUI, LE SAVOIR-VIVRE EST DE CIRCONSTANCE. AU TRAVAIL, EN AMOUR, EN VOITURE OU MÊME SUR LE WEB ! ÊTRE ÉLÉGANT, C'EST AUSSI ÊTRE COURTOIS ET BIENVEILLANT. LE SAVOIR-VIVRE, C'EST COMME UNE LANGUE ÉTRANGÈRE, ÇA PEUT S'OUBLIER UN PEU, BEAUCOUP ET SE RÉAPPRENDRE AVEC UN BON PROFESSEUR ET QUELQUES TRAVAUX PRATIQUES.

AU FAIT, SAVEZ-VOUS CE QU'EST LA FAMEUSE « FRENCH ETIQUETTE » ?

Nous l'avons héritée de Louis XIV, comme le château de Versailles. Pour que dix mille personnes par jour puissent y venir, le roi avait dû ériger des codes tenant compte de la fonction et du rang de chacun, règles rassemblées dans un grand livre à « étiquettes ». « Il s'agissait de créer un espace de paix sans souligner les différences entre les êtres », précise Sébastien Talon, professeur de French Etiquette à la Belle École à Paris. Cette logique est toujours en vigueur aujourd'hui : on ne s'adresse pas de la même façon à son meilleur ami et à son patron ! De même, on présente la personne la moins importante à la plus importante. La femme est plus importante que l'homme, l'homme âgé plus que l'ado. Le but est de mettre à l'aise la personne que l'on souhaite honorer en lui indiquant en premier à qui elle a affaire.

Connaître les codes de la vie en société est essentiel, aussi bien dans la vie personnelle que professionnelle. Il arrive d'ailleurs à Sébastien Talon de donner des cours de rattrapage à des cadres dirigeants qui ont passé

du temps loin de la France et ne les maîtrisent plus. « Je peux aussi aider des personnes qui craignent de se tenir mal à table, ajoute-t-il. Ce n'est pas pour rien si les chasseurs de tête vous invitent à déjeuner : votre comportement au restaurant fait partie du test. Si vous empoignez vos couverts comme s'il s'agissait d'une fourche ou si vous mettez vos coudes sur la table, vous perdez forcément des points par rapport à un autre candidat. » Si vous avez peu de notions de savoir-vivre, retenez au moins une règle : cherchez à être gentil.

LES RÈGLES DU SAVOIR-VIVRE LORS D'UN ENTRETIEN D'EMBAUCHE

C'est la personne la plus importante qui décide de la façon dont elle va vous saluer. Si elle ne vous tend pas la main, contentez-vous d'un simple « bonjour, monsieur » ou « bonjour, madame ». Attendez qu'on vous invite à vous asseoir et « laissez la place au chat derrière vous » – ne vous enfoncez pas dans votre siège ou ne vous tenez pas tout au bord. Ne croisez pas les jambes, ne les écartez pas non plus, et posez simplement vos mains sur les cuisses. Vous pouvez accepter un verre d'eau, en tout cas, préférez le choix le plus sobre et ne videz pas votre verre d'un trait. Bien sûr, vous aurez pris soin d'éteindre votre portable avant. Au moment du départ, comme à l'arrivée, attendez de voir de quelle manière on vous salue.

LES BONNES MANIÈRES POUR UN DÎNER EN AMOUREUX

N'en faites pas trop : en amour, on ne doit pas compter. Choisissez donc l'établissement en fonction de vos moyens et gardez pour vous l'effort financier que vous aurez consenti de faire. « Sur place, selon une habitude du XIXe siècle, la règle veut que l'homme rentre en premier pour vérifier que l'endroit est fréquentable – il pourrait aussi s'y trouver une maîtresse ou une ex indésirable, commente notre prof de savoir-vivre. Ensuite, offrez-lui la place la plus confortable, sur la banquette, face à la salle, habitude gardée du siècle dernier où la femme usait de sa maîtrise du carnet social. » Lorsque la carte arrive, conseillez-lui éventuellement tel ou tel mets afin de lui donner une indication sur sa liberté de choix : si elle hésite entre le caviar et le saucisson, elle sera fixée. Pour le vin, ne faites pas le dictateur, conseillez-la si elle le désire. Puis passez la commande pour elle. C'est vous qui devez la servir en vin – ne remplissez pas son verre à ras bord, cela ne se fait pas. Pour l'eau, elle peut le faire elle-même. Une fois le premier plat arrivé, laissez-la commencer. A-t-on besoin de vous préciser que le smartphone dont vous êtes si fier n'a pas sa place entre vous ? Inutile de surjouer ou de prétendre que l'art de se faire les ongles vous passionne ! Si c'est vous qui avez proposé la soirée, réglez l'addition. Mais si elle veut partager, respectez son choix sans faire de comptes d'apothicaire. Et sachez qu'il vous revient de laisser le pourboire. Si vous la raccompagnez, vérifiez qu'elle est bien rentrée. Faut-il la rappeler le lendemain? Si vous l'avez invitée, attendez qu'elle vous remercie. Vous êtes fou d'elle? Faites-lui livrer ses fleurs préférées. Toujours en nombre impair. C'est une règle exclusive, créée pour savoir qui la connaît. Surtout, retenez que la galanterie ne se limite pas à la drague. Elle fait partie de la vie de tous les jours. Y compris quand vous êtes en couple depuis des années !

LA FAÇON LA PLUS COURTOISE D'INVITER UNE FEMME QUE L'ON VEUT SÉDUIRE

Ne perdez pas de vue que l'homme propose et la femme dispose. C'est une démocratie, pas une dictature. Ne lui imposez pas de venir la chercher, cela supposerait que vous la rameniez chez elle. Ne soyez pas si pressé ! Respectez son choix. Si elle hésite, proposez-lui de lui envoyer un taxi, que vous réglerez à son arrivée. Si vous la connaissez mieux, c'est différent. Arrivez cinq minutes en avance et acceptez ses cinq ou dix minutes de retard. Ne vous précipitez pas sur elle : c'est toujours à la femme de décider si elle veut vous serrer la main ou faire la bise.

LES CODES DU CONVIVE IDÉAL

N'arrivez pas à l'heure pile mais avec quinze minutes de retard de façon à donner au maître ou à la maîtresse de maison le temps de souffler. Évitez les fleurs coupées, ou alors offrez-les avec un vase. Rien de plus agaçant que de devoir trouver le bon vase alors qu'on a mille choses à faire ! Il vaut mieux faire livrer les fleurs dans l'après-midi ou le lendemain. Si vous apportez une bouteille de vin, précisez que c'est un cadeau pour la cave et non pour la table : bien sûr que vos hôtes ne servent pas de piquette ! Si vous supposez qu'il y aura plus de six invités, oubliez le champagne qui ne pourra être servi qu'en fond de verre ! Préférez un champagne millésimé, c'est-à-dire qui se garde, ou une boîte de bons chocolats. Le lendemain, remerciez la personne qui vous a invité de la même manière que vous avez été convié au dîner : SMS, mail, téléphone...

DON'T DO

- ⊖ On va manger ? ➽ On va déjeuner ? On va dîner ?
- ⊖ Je m'excuse. ➽ Excusez-moi ou Je vous prie de m'excuser
- ⊖ Des fois. ➽ Parfois.
- ⊖ Enchanté ! ➽ Je suis heureux de vous rencontrer.
- ⊖ De rien. ➽ Je vous en prie.
- ⊖ Quoi ? Hein ? ➽ Pardon ?
- ⊖ Au plaisir. ➽ Au plaisir de vous rencontrer ou À bientôt.
- ⊖ Bonne continuation ! ➽ Bon après-midi !
- ⊖ Bon courage ! ➽ Bonne journée !
- ⊖ J'amène une bouteille. ➽ J'apporte une bouteille.
- ⊖ Pareillement ! ➽ Belle journée à vous aussi !
- ⊖ Je vais au médecin. ➽ Je vais chez le médecin.
- ⊖ Le resto que je t'ai parlé. ➽ Le resto dont je t'ai parlé.

TIENS-TOI BIEN !

⊖ On ne dit pas « bon appétit », on souhaite un « bon déjeuner » ou un « bon dîner ». ⊖ On ne s'assoit pas à un mètre de la table. ⊖ On ne pose ni les coudes sur la table ni les avant-bras, mais juste les poignets. ⊖ On n'est pas avachi dans son assiette. ⊖ On ne fait pas de boulettes avec le pain. ⊖ On ne coupe pas le pain à table et on ne le retourne pas. ⊖ On ne sert pas les autres, on fait passer le plat, aux femmes d'abord. ⊖ On attend que la maîtresse de maison et les dames commencent. ⊖ On ne coupe jamais la salade avec son couteau – usage qui tire son origine de l'époque où l'on utilisait des couverts en argent que le vinaigre pouvait oxyder. ⊖ On ne dévore pas, on ne se penche pas sur son assiette, mais on fait venir la nourriture à soi. ⊖ Comme dans *Pretty Woman* ou *Titanic*, si les couverts sont nombreux, on part de l'extérieur vers l'intérieur en se rapprochant de l'assiette à mesure que les plats se succèdent. ⊖ On ne fait pas tournoyer les couverts, on change de main uniquement s'il ne reste que les légumes dans l'assiette. ⊖ Si on n'aime pas le plat proposé, on se sert un minimum, au moins un peu de sauce. ⊖ On pousse les aliments avec du pain, mais on ne sauce surtout pas son assiette. ⊖ On s'essuie délicatement la bouche avant de boire. ⊖ On ne confond pas son couteau avec un cure-dents. ⊖ On ne part pas le dernier si on n'est pas intime avec son hôte.

POURQUOI ?

Pourquoi les Français posent-ils les mains sur la table alors que les Anglais les laissent dessous ? Autrefois, les armes françaises étant plus petites, on pouvait facilement dégainer pour assassiner son voisin : on montre ainsi que ses mains ne sont pas armées ni tachées de sang. Beaucoup plus volumineuses et lourdes, les armes anglaises étaient laissées à l'entrée ; ne pas poser ses mains à table prouvait que l'on n'allait pas mettre du poison dans le verre de ses compagnons. Preuve que l'étiquette est bien une histoire de paix !

Pourquoi les femmes ont-elles le droit de poser leurs coudes sur la table ? Encore faut-il qu'elles aient plus de 30 ans et qu'elles croisent les doigts vers l'extérieur ! Avec ce geste qui remonte au XIXe siècle, on affichait ses bagues et sa richesse sans avoir à parler d'argent. Aujourd'hui, il permet de montrer que l'on est mariée, que l'on assume de ne pas l'être, ou qu'on cherche un petit ami.

Pourquoi ne doit-on jamais dire « bon appétit » ? À l'époque de Louis XIV, ne connaissant pas le processus d'acheminement de la nourriture dans le corps et pratiquant le cérémonial de la chaise percée en public, on se souhaitait « Bon appétit ! » entre amis, ce qui signifiait littéralement « Bon transit intestinal » ! Au XIXe siècle, lorsqu'on a compris le mécanisme de la digestion, on a cessé d'utiliser cette expression, reprise et retraduite par les Américains, qui ont fini par la réintroduire en France pour son côté jovial.

LA NET ÉTIQUETTE

Vous vous adressez à une personne, pas à un écran !

✖ Écrire en majuscules = je hurle.

✖ Abuser des smileys, lol, MDR, points d'exclamation, abréviations, fautes d'orthographe = j'ai zappé que je n'ai plus 15 ans !

✖ Finir un mail avec CDT = je suis trop paresseux pour écrire « Cordialement », « Sincères salutations », « Bien à vous ».

✖ Jouer au ping-pong avec les mails = j'ai oublié que le téléphone existe.

✖ Envoyer des SMS de bonne année en rafale = j'adore saturer le réseau.

✖ Textoter un « bon anniv » à sa mère = je te considère comme une vague copine rencontrée à une soirée il y a six mois.

✖ Rompre par mail ou SMS = ne nous dites pas que vous l'avez déjà fait !

Veste de chez L'Éclaireur.
Chemise Dior Homme.

RAGE
GRAPHISTE, DIRECTEUR ARTISTIQUE

Quelles sont vos influences vestimentaires ?

Elles sont très variables. J'aime le décalé. J'aime les looks qui racontent une histoire. Que ce soit en littérature, en cinéma, en photo ou en mode, c'est l'histoire qu'on me raconte qui m'importe. Je préfère le style qui dure, à la mode, qui peut être changeante et superficielle. Robert Redford, dans *Les 3 jours du condor* de Sydney Pollack, avec son caban, ses bottes de chantier et son jean est intemporel, et Steve McQueen est également indémodable. *La Piscine* de Jacques Deray est aussi une de mes références, c'est un film ultra-stylisé, qui a marqué son époque au niveau vestimentaire, sur les plans musical et du design. Par exemple, les sièges autour de la piscine sont de Roger Tallon, rien n'est anodin dans ce film culte. Mais j'aime aussi les tatouages, le look des bikers américains ; j'ai plein de bouquins de photos sur les tatouages, j'aime leur graphisme et le côté antisocial qu'ils avaient dans les années 1960-1970.

Quand je me sape, je me demande : qu'est-ce que j'incarne en portant ça ? Je m'amuse. J'aime mélanger, je peux aller chez Rick Owens et m'acheter une veste militaire aux puces. Certaines personnes peuvent détester ma façon de m'habiller, mais c'est toi qui portes les fringues, c'est pas les fringues qui te portent, donc tout peut être tenté, je n'ai pas d'a priori, même des santiags incrustées de pierreries sont mettables, ça dépend par qui et comment !

« J'AIME MÉLANGER, JE PEUX ALLER CHEZ RICK OWENS ET M'ACHETER UNE VESTE MILITAIRE AUX PUCES. »

« La pièce la plus chère de mon dressing, mon manteau Balmain, je l'ai depuis trois ans. Je ne m'en déferai jamais. J'aime son côté Corto Maltese. C'est romanesque. »

Vous êtes-vous déjà trompé ?

Je ne suis plus dans le caprice dans mon rapport aux fringues et, en vieillissant, j'ai appris à me connaître. Je suis surtout sensible aux belles matières, au confort, c'est vrai que c'est une question de moyens, la qualité est chère mais de nos jours avec ebay, Zara ou H&M qui assument leur côté *look a like* en restant abordables, les boutiques vintage, les magasins de fripes, il y a moyen de s'acheter de jolies pièces et de se faire un bon look. Je garde beaucoup de choses, car j'essaie d'avoir un dressing où tout se marie. Je reste fidèle à mon univers, je crée mon dressing inconsciemment avec mon œil de directeur artistique, c'est toujours différent et toujours pareil. Par contre, je ne me laisse jamais influencer par la tendance du moment, la mode peut vite te faire rentrer dans un truc qui n'est pas pour toi. Quand Hedi Slimane est arrivé, il avait une vision. Ce qui est dommage, c'est que ce soit devenu une norme : rentrer dans du 28 à 44 ans peut être compliqué ! L'avantage de ne pas suivre forcément la tendance imposée par les médias, c'est le temps : même si on met des années à construire son dressing, il restera intemporel pour vous. Pour les hommes à un moment, on ne trouvait presque plus que des slims dans les grandes marques. Plus jeune, je pouvais céder. Mais j'ai appris à avoir un regard objectif sur mon physique. Par exemple, le costume croisé, ce n'est pas mon style, les baggys, je n'en porterai jamais ! Je ne suis pas spécialement grand, et ça me tasse, je fais bas de caisse avec. Je me fous d'un éventuel grand retour du duffle-coat, je ne céderai pas, je n'en aurai jamais, je n'aime pas son côté « ado »... En fait, le secret est de se connaître et de projeter son image intérieure. J'admire aussi les gens qui osent ce que je ne pourrai jamais oser. Dans *Gatsby le magnifique,* Robert Redford porte un costard rose dessiné par Ralph Lauren. Redford reste viril et beau, et même si je trouve cela magnifique sur lui, je ne pourrai jamais porter un costard rose, je me sentirais ridicule. Ce n'est pas qu'un problème de look : il faut se sentir bien, émotionnellement, psychologiquement et physiquement. Il faut incarner son vêtement.

> « LA MODE PEUT VITE TE FAIRE RENTRER DANS UN TRUC QUI N'EST PAS POUR TOI. »

Boots Layer 0 trouvées chez « Pieds nus dans le Parc » à Florence.

Cardigan avec col surdimensionné trouvé chez L'Éclaireur. « Le plus chaud que je connaisse ! »

Alors, le vêtement est un langage ?

Oui, et il faut bosser son « emballage ». Un bel emballage peut sauver un produit, mais pour que ça dure, il faut qu'il y ait une corrélation entre les deux ; pour nous, c'est pareil. On vit dans une société qui est dans l'immédiat, donc on doit être tout de suite lisible pour les gens. Ardisson s'habille en noir depuis trente ans, et cette austérité raconte quelque chose qu'il s'est imposé. Marilyn Monroe était un produit, elle mettait des heures à rentrer dans la peau de son personnage ; Mao, Che Guevara, tous avaient des looks identifiables et sont devenus des produits dont ils ont créé le packaging. C'est très warholien, comme concept. Kate Moss a peu donné d'interviews mais elle est devenue l'icône absolue du style, elle incarne totalement ce qu'elle est, comme Karl Lagerfeld, qui a choisi une iconographie, identique et répétitive. Ils ont le sens de l'image, et nous sommes dans un monde où l'image a plus d'importance que le reste. Le marketing s'est engouffré là-dedans : il faut sortir du Baron en faisant la gueule, avec une meuf à tes côtés, pour soi-disant être « à la mode ». On cherche à nous formater, à nous faire rentrer dans une norme. Je ne supporte plus les enseignes comme Kooples, Gap ou American Apparel et le total look imposé par le marketing roi. Je préfère les échoppes, les créateurs, les pièces quasi uniques que vous ne verrez pas sur tout le monde. Quel que soit l'endroit où vous les trouverez, elles seront à vous et auront une histoire qui vous colle à la peau.

De gauche à droite : ceintures en crocodile et en galuchat Ivo pour L'Éclaireur, ceinture avec boucle 3 têtes de mort chez Gavilane dans le Marais et ceinture fine cloutée Soud Brass. Bagues Chrome Hearts.

UN JEAN OUI, MAIS PAS N'IMPORTE LEQUEL !

ÉTUDIANT, POÈTE, BANQUIER, FAUCHÉ, JEUNE OU MOINS JEUNE, VOUS NE POURRIEZ ENVISAGER DE VOUS PASSER DE LA TOILE BLEUE. QUI N'EST D'AILLEURS PAS TOUJOURS BLEUE. MAIS ATTENTION, LE PANTALON LE PLUS POPULAIRE NE DOIT PAS ÊTRE CHOISI À LA VA-VITE ! UN JEAN MAL COUPÉ ET MAL DÉLAVÉ PEUT RUINER VOTRE SILHOUETTE ET BRISER VOTRE RÉPUTATION D'HOMME DE GOÛT, VOUS FAISANT RESSEMBLER À MONSIEUR PATATE !

Dans l'État de Californie à la fin du XIXe siècle, quand Levi Strauss lance le premier pantalon riveté aux poches, il est loin de se douter que cette pièce de travail bon marché deviendra culte. Emblème de la jeunesse américaine révoltée des années 1950 – ah ! le jean culotté de James Dean ! –, il a su gagner ses galons fashion. Pourtant, il a encore parfois du mal à pénétrer librement les cours de lycées huppés et les entreprises au dress-code strict, comme la finance ou le juridique. Même pour le *friday-wear,* il n'est pas toujours de bon ton de l'arborer au bureau. Bien coupé, accompagné d'une veste et de souliers casual chics, c'est depuis une cinquantaine d'années le compromis facile et évident entre tradition et décontraction. Le mariage blazer/jean a d'ailleurs été lancé par Andy Warhol, sur les conseils de son ami, le très smart Fred Hughes, avant de devenir le fameux « look Warhol ». « Même si Andy en a fait son uniforme, Fred a été le premier à porter des

Jeans A.P.C.

jeans avec une veste de costume. Tout ce qu'il portait était anglais, même ses Levis 501 avaient l'air d'avoir été retouchés à Savile Row », écrit Bob Colacello, ancien éditeur d'*Interview* et contributeur de *Vanity Fair,* dans son livre *Holy Terror : Andy Warhol Close Up.* Association parfaite dès lors que – nous insistons – le jean est bien choisi. « La pire faute de goût en matière de jean, c'est de vouloir un slim alors qu'on n'a pas la silhouette pour ou, à l'inverse, de porter un jean très large qui n'avantage pas », note Gilles Bellaloum, cofondateur du concept store parisien chic, Le 66 Champs-Élysées.
Sous prétexte que c'est un pantalon « relax », certains en profitent pour choisir le premier venu. Or, la tâche n'est pas si simple ! Si à l'époque de Fred Hughes, les jeaners se comptaient sur les doigts de deux mains, aujourd'hui, les propositions sont vastes. Des jeans cheap vendus sur les marchés aux jeans griffés proposés dans les concept store, on peut s'y perdre.
Si le 501 brut a toujours la cote, on trouve aujourd'hui pléthore de coupes, délavages et matières. Comment s'y retrouver ? On est là pour vous aider.

LE JEAN POUR TOUTES LES SILHOUETTES, ÇA EXISTE ?

Gilles Bellaloum aime le droit ajusté : « Il permet aux hommes très fins de ne pas faire trop brindille et aux hommes un peu plus forts d'affiner leur silhouette. Si je n'en retenais qu'un, ce serait le Max Thunder de chez Acne. C'est un jean qui va à tous les hommes, quelle que soit leur morphologie. »
Messieurs, si vous voulez éviter la faute de goût, veillez à choisir votre jean brut et à la bonne taille : vous ne devez pas flotter dedans, ni le choisir trop délavé, déchiré, griffé, clouté... Réservez les fantaisies aux ados ! Et encore. Quant au bootcut, la coupe qui s'élargit à partir du genou et aime les cuisses musclées ou enrobées, il a ses inconditionnels qui, méfiance, ont tendance à l'associer à des souliers trop pointus à semelle ultra-fine. Tenez-vous vraiment à avoir la police du style sur le dos ?
Côté tendances, il y a deux grandes influences, précise Gilles Bellaloum : « Le basique que l'on retrouve chez des marques comme Acne, AG Jeans, JBrand, April77, qui travaillent sur des recherches de matières, des fits et des délavages. Puis des marques plus prêt-à-porter qui ont pour cœur de collection le pantalon (jean et chino) décliné dans de nombreuses couleurs et toiles.
Je pense aux marques comme Pence ou Closed qui travaillent des gammes de couleurs très intéressantes. »

Louis Géraud Castor porte un jean New Cure de A.P.C., une chemise blanche popeline de coton Hilditch and Key, une veste Hartford-Londres et des mocassins Louboutin.

Bottines de chez L'Éclaireur avec fermeture à zip à l'arrière.

QUELS SOULIERS AVEC UN JEAN ?

Boots McGill de Pete Sorensen.

Bucks de chez Caulaincourt.

Boots Guilty de chez Caulaincourt.

Desert Boot Crockett & Jones.

Bottine Detroit de Pete Sorensen.

PEUT-ON PORTER UN SLIM SORTI DES BANCS DE LA FAC ?

Oui, si on est mince : le slim n'aime pas les bedons qui sortent de la ceinture. Mais il y a slim et slim... Pour ne pas donner l'impression que vous avez piqué celui de votre jeune beau-frère, évitez les tissus trop stretch et trop moulants ainsi que la taille basse (la fourche doit être suffisamment haute). Ne confondez pas slim et tregging, ce pantalon-collant-slip-apparent-fesse-flottante, qu'affectionnent les jeunes hommes maigrelets, surtout quand ils sont musiciens ou veulent s'en donner le genre. Avec quelles chaussures porter un slim ? Des boots.

QUID DU JEAN DE COULEUR ?

On vote pour. Si vous n'avez pas envie d'oser le bleu nuit, le vert canard ou le coquelicot, tentez le beige et le gris. Inutile de vous dire que nous validons le jean blanc : tellement chic et vieille France avec un cachemire gris, une chemise en chambray et des chaussures en daim camel.

L'ART DE VIEILLIR UN JEAN

On connaît des puristes qui apportent leur jean A.P.C. au pressing pour ne pas risquer un mauvais délavage. D'autres à qui il tarde de voir cette merveille se patiner. Il faut parfois attendre des années tellement le tissu (un brevet exclusif made in Japan) est cartonneux. Pour nous, quelle que soit la marque, rien ne remplace l'usure naturelle : c'est elle qui apporte tout son cachet au jean.

Si, toutefois, vous n'avez pas la patience d'attendre que votre compagnon vieillisse avec vous, soyez encore plus vigilant au moment de l'achat : le délavage est le pire ennemi du denim.
Le délavé est souvent plus fin que le brut, donc il se déforme vite : avec leurs fesses et genoux qui pochent, on a fait mieux pour le sex-appeal. Zappez le jean ciel, le préféré des businessmen ou hommes politiques qui veulent se la jouer « cool et proches du peuple ». Et oubliez le jean exagérément délavé, souvent aux mauvais endroits, les vilaines griffes artificielles sur le devant et ces déchirures post-ados rebelles.
Si votre jean préféré vous lâche, autrement dit, craque à l'entrejambe, faites-le repriser – très tendance ! – ou versez une larme et dites-lui simplement au revoir.

JA-MAIS !

- Un jean « neige », autrement dit trop délavé, avec une veste de costume stricte et des chaussures foncées.
- Un jean avec des fioritures : clous, chaînes, taches artificielles de peinture... On n'est pas au cirque !
- Un jean large avec une veste trop longue : êtes-vous en campagne présidentielle sur les marchés ?
- Un jean avec une ceinture de costume : si vous recommencez, on vous emmène faire un stage chez les cow-boys (ce n'est pas une raison pour enfiler des santiags).
- Le sourire du plombier : c'est mignon jusqu'à 2 ans.
- Un ourlet retourné de pantalon : l'ourlet de jean doit se faire à l'identique. Ou alors roulottez-le.

Veste Ralph Lauren.
Ceinture Balmain et jean Acne.
Chaussures Church's.

ALUNE WADE

ARTISTE MUSICIEN, AUTEUR-COMPOSITEUR

Qu'est-ce que l'élégance ?

Le rapport au corps a évolué, on est plus libre, on suit davantage nos envies et notre plaisir que les codes imposés par l'éducation ou la bienséance, or le vêtement est aussi une manière de respecter l'autre et de se respecter. Chez soi, on est libre de faire ce qu'on veut, mais dès qu'on voyage ou qu'on partage un lieu avec d'autres, il faut, par égard pour eux, respecter des règles. Comme dans un lieu de culte par exemple, c'est un endroit sacré, on n'y exhibe pas son corps comme sur une plage. Tout n'est pas permis, en société on doit avoir des garde-fous. « La liberté des uns s'arrête là où commence celle des autres » : j'aime beaucoup cette maxime, on peut être libre et respecter l'autre ! C'est aussi une forme d'élégance.

Chemise et gilet The Kooples. Foulard indien vintage. Jean Diesel.

Vous voyagez beaucoup : trouvez-vous l'homme français élégant par rapport aux autres ?

Oui, je vois la différence, surtout avec l'Europe du Nord où je vais souvent faire des concerts : ce n'est pas la même beauté, pas la même attitude. La France est un pays où il y a beaucoup de mélanges, et le Français est voyageur, il est plus ouvert que d'autres peuples d'Europe ; c'est notre histoire coloniale qui veut ça. Les États-Unis qui ont connu la ségrégation jusque dans les années 1950-1960, ont élu un président noir en 2008. La France qui, dès les années 1920, a eu des députés africains ou des Antilles, comme Blaise Diagne, Senghor ou Césaire, n'est pas du tout prête à avoir un homme de couleur

Casquette de marin, marinière et salopette. Pour vous faire ce look, on vous conseille Le Petit Matelot ou Armor lux.

à sa tête ! La France des années 1930 était un pays d'accueil pour les artistes noirs qui connaissaient la ségrégation aux États-Unis. C'était un pays très ouvert et multiculturel. Cela a influencé notre manière d'être et, malgré l'uniformisation et la mondialisation de la mode, on reconnaît un Français à sa façon de s'habiller, plus désinvolte, mais aussi plus recherchée, et à sa façon de se comporter. Les Nordiques sont plus calmes, plus introvertis, un peu plus distants aussi. « La bise » les surprend toujours un peu !
Le Français a un point commun avec le Sénégalais, celui d'être perçu comme arrogant par les autres. Quand je voyage, je me sens africain, mais les gens qui me connaissent m'appellent le « french man » – à cause de mon look. En fait, je me sens plus francophone que Français, même si mon pays natal, le Sénégal, est resté très connecté à la France et à sa culture.

« L'ÉLÉGANCE, C'EST COMME UN PLAT, IL FAUT DOSER LES VÊTEMENTS ET LES ACCESSOIRES COMME LES ÉPICES, NE PAS EN METTRE TROP POUR NE PAS GÂCHER LE GOÛT ! »

Quelles ont été vos influences ?

Je prends un peu dans chacune de mes cultures, mais le fait d'être né et d'avoir été élevé à Dakar qui est une grande ville, m'a influencé vers un style mixé et urbain. Quand j'étais enfant, j'adorais les tenues de mon père – il était officier –, j'étais fasciné par son style et son allure, je le trouvais beau. Il m'a beaucoup inspiré, je porte les cols de la même façon que lui, le béret bien plié, la chemise bien repassée, j'ai hérité de son sens de l'ordre. Sinon, Miles dans les années 1950-1960 avec sa désinvolture élégante, Duke Ellington, Harry Belafonte, Nat King Cole et Jean Gabin dans les années 1970. Je suis resté bloqué sur cette génération.
J'ai été influencé aussi par les codes vestimentaires français et le fait de voyager m'a permis de choisir mon style.
J'ai envie à nouveau de porter des costumes, j'envisage de m'en faire faire un bleu nuit, un peu étroit, très inspiré du style de Miles Davis justement.

La galanterie, la courtoisie, la politesse sont des valeurs qui vous paraissent désuètes ou toujours contemporaines ?

La galanterie n'est pas un rapport de force mais un rapport de politesse. La femme reste sacrée pour moi, et je n'aime pas quand la conquête est trop facile, ça me fait fuir. Le mystère est séduisant, l'attente est séduisante. Il faut créer le désir. À l'étranger, les femmes apprécient que je sois français, car elles sont sensibles à ces codes de savoir-vivre encore d'usage en France. En Afrique, ces codes de savoir-vivre et de courtoisie existent aussi. À la maison, quand quelqu'un de plus âgé nous rendait visite, on se levait pour donner sa place. J'ai appris ça tout petit. Ma mère était sévère, mes parents étaient très pointilleux sur l'éducation et le respect. En France, l'éducation est devenue trop laxiste, trop permissive, les enfants ne sont plus cadrés, plus punis. On laisse faire et on voit des gamins qui tournent mal de plus en plus tôt et des parents dépassés par la situation. Le savoir-vivre fait partie de l'élégance, parfois je suis dérangé par le comportement des gens ou par leurs préjugés. La politesse, la courtoisie, la gentillesse sont surtout des valeurs universelles qui doivent perdurer et qui rendent la vie plus facile.

Béret Laulhère.
Veste Zara. Pantalon
The Kooples.
Foulard vintage.

BRRRR... ON SE COUVRE !

SOUS NOS LATITUDES, MANTEAUX, CABANS, BARBOURS OU PARKAS SONT INCONTOURNABLES DÈS LES PREMIERS FROIDS. NE NÉGLIGEZ SURTOUT PAS LE POUVOIR DE NUISANCE D'UNE DE CES PIÈCES, POUR PEU QU'ELLE SOIT MAL ASSORTIE À VOTRE TENUE ET À VOTRE ACTIVITÉ, MAL ADAPTÉE À VOTRE MORPHOLOGIE OU ACHETÉE À LA VA-VITE !

À moins que vous circuliez en scooter ou à moto, optez pour le manteau classique croisé ou droit, bien plus élégant qu'une parka. Choisissez-le dans une matière naturelle, comme la laine qui tient chaud, respire et est hydrophobe, voire « déperlante ». Pensez à l'essayer avec un costume, mais inutile de le choisir exagérément large. C'est souvent une pièce qu'on garde plusieurs années, donc, selon votre budget, soyez exigeant sur la coupe et vigilant sur la qualité : votre manteau peut être taillé dans des matières luxueuses : cachemire, alpaga, astrakan... Plus il est simple, plus il doit être impeccable. Éloignez-vous du noir, *so boring,* pour tester un beau camel, un bleu nuit ou, pourquoi pas, un chiné ou des carreaux. Osez casser son côté bourgeois. En essayant votre manteau, pensez à Steve McQueen ou Alain Delon dans *Le Clan des Siciliens.* Il est aussi parfait pour accompagner un jean avec un gros pull, des boots et une belle étole colorée.

Le bombardier Vancouver de Rage. Coupe Royal Air Force plus cintrée que celle du bombardier US Air Force. Belmondo en porte un dans *Peur sur la ville.*

Swann Joachim du blog « Les Frères JO' » porte une veste Gant Rugger, un pantalon Paul Smith Mainline, des mocassins Crockett & Jones et un manteau Paul Smith.

Le superbe col du manteau Balmain de Rage.

LE MANTEAU D'INSPIRATION MILITAIRE. C'est un classique que les créateurs aiment réinterpréter à chaque saison. Mais même si c'est un basique, son côté aventurier et bohème le rend plus délicat à marier avec le vestiaire du bureau. Des grandes enseignes aux marques prestigieuses, on le préfère cintré près du corps, dans une belle laine kaki, beige ou bleu nuit. Si on aime les originaux, l'une des meilleures adresses est le surplus Doursoux. Pensez, si vous en dégottez un sur ebay ou dans une boutique vintage, à faire faire des retouches si besoin.

LE CABAN. Cette pièce culte en drap de laine, qui protégeait les marins du froid et de l'humidité, ne se porte jamais avec un costume, mais vous vous en doutiez ! On lui préfère, tant qu'à faire, l'original de chez Armor lux, celui de Bretagne Boutique, ou encore celui de l'armée américaine, à chiner. On l'adore avec les vrais boutons dorés frappés de l'ancre marine. Il est à l'aise avec des boots, des sneakers, des jeans, bref tout, sauf un look de ville trop habillé.

LE BLOUSON DE CUIR. Là, soit vous avez les moyens d'investir et vous aurez l'embarras du choix puisque toutes les marques ont le leur, ou presque, soit votre budget est limité et alors le vintage s'impose et peut vous réserver de belles surprises. Les erreurs à éviter : économiser sur le cuir. Pour que votre blouson vous accompagne un bout de chemin, la règle d'or est de le choisir dans une belle peau, elle vieillira bien, se patinera avec le temps. Nous sommes intransigeantes : pas de synthétique ni de croûte de cuir. Préférez le zip aux boutons et choisissez-le près du corps sans être engoncé dedans. Après, blouson d'aviateur, de moto, perfecto, c'est à vous de voir en fonction de votre garde-robe. Un petit conseil, c'est une pièce qui s'adapte mal à une tenue trop sophistiquée, son vrai rôle est de vous donner un côté baroudeur et rebelle.

LE TRENCH. Voilà encore une pièce intemporelle qu'on a vue et revue au cinéma, de Bogart à Delon en passant par Redford. Évitez les matières synthétiques pour préférer de belles gabardines, prenez-le près du corps et pas trop long. Là aussi, si votre budget est en baisse, dénichez-le aux puces, sur Internet, dans les dépôts-ventes, aux enchères. Mais attention aux coupes eighties, souvent trop amples, surtout au niveau des emmanchures et des manches.

LES PARKAS ET LES BARBOURS. Indispensables si vous circulez en scooter. On les préfère « fittés » et sobres. On aime l'emblématique veste cirée J. Barbour & Sons, revisitée par Tokihito Yoshida, et le modèle Barbour Steve McQueen disponible sur le site « barbour.com ». Sous prétexte que cette pièce est casual, ne la sous-estimez pas !

COMMENT CHOISIR SON MANTEAU VINTAGE ? CONSEILS DE CLÉMENT DEZELUS

Premièrement, il faut savoir que les manches des manteaux et vestes vintage sont toujours plus courtes que sur les coupes actuelles. Il faut donc toujours regarder à l'intérieur de la manche s'il y a suffisamment de marge de tissu pour la faire rallonger. Attention aussi à l'effet bloc de certains manteaux vintage dû à des épaulettes trop épaisses et à une absence de cintrage à la taille.

Clément Dezelus et son manteau vintage acheté chez Kiliwatch.

EN VINTAGE, MARQUE DE LUXE NE RIME PAS TOUJOURS AVEC QUALITÉ

En effet, nombreux sont les manteaux ou vestes YSL ou Balmain dans les friperies. Cependant, on doit leur abondance à une montée des licences dans les années 1980 en France, où YSL et consorts ont vendu leurs noms à des firmes produisant des marchandises de faible qualité. À l'époque, l'as de la licence était Pierre Cardin.

PORTER LA PARKA MILITAIRE

Avec ce classique du vestiaire militaire, tout est permis. Son ADN 100 % masculin vous autorise à lui injecter une bonne dose de créativité. Manches coupées, portée par-dessus un perfecto, ou bien sur une veste de smoking. Soyez exigeant avec la couleur : optez pour un kaki un peu gris, un peu patiné. Évitez le neuf, l'aspect trop vert « ciré de chasseur ».

Veste barbour de Tokihito Yoshida.

Porte-documents orange Mannequin. Manteau croisé, d'inspiration 1940 de Marc Guyot. « Ce que je trouve particulièrement magnifique sur ce manteau, c'est son dos, avec son pli creux, son hirondelle de renfort et sa martingale. C'est peut-être la pièce que j'affectionne le plus dans mon vestiaire. » Virgile Mercier.

VIRGILE MERCIER

COFONDATEUR DU BLOG « FOR THE DISCERNING FEW », CONSULTANT EN MENSWEAR

Êtes-vous tombé tout petit dans la mode ?

Au lycée, en 2002, j'ai eu un coup de foudre musical pour Queen. Sans doute à cause de mes cheveux très bouclés, je m'habillais comme Brian May, le guitariste. Comme lui, je portais une marinière, un jean blanc et des *boxing shoes* Adidas. Après, j'ai eu ma période rock alternatif et punk français : cheveux rasés, polo Fred Perry, bretelles et Doc Martens. En fac de droit, j'ai arrêté de copier les autres et commencé à trouver mon style que j'ai construit en fonction des périodes qui me font rêver, notamment l'Ivy League des fifties.

Vous sentez-vous proche du style français ?

Pour moi, il se situe à mi-chemin entre les styles anglais et italien. Il est moins débridé que son cousin transalpin, mais permet davantage de liberté que le très austère style britannique. Le style français, c'est un homme lettré, qui soigne aussi bien son apparence que son esprit. Car l'élégance masculine ne s'arrête pas simplement aux beaux vêtements... Et ça, les Français l'ont sans doute mieux compris que les autres.

Tenue d'inspiration « preppy », veste Ralph Lauren en coton madras, chemise à col boutonné Brooks Brothers en oxford. « C'est LA chemise américaine par excellence. Pour moi, Brooks Brothers est la dernière marque à savoir réaliser correctement ce genre de chemise. » Pantalon chino bleu marine J. Press. Bucks blancs vintage, Cole Haan.

> « AVEC CE TYPE DE TENUE, J'AI – PRESQUE – L'IMPRESSION DE REVIVRE LES « GOOD OLD SIXTIES » AMÉRICAINES ! »

Pour vous, dans quelles pièces faut-il investir ?

Un manteau ! C'est la pièce qui doit toujours être impeccable. Forcément, c'est cher. Pour moi, le plus élégant est le manteau croisé inspiré du vestiaire militaire. Je recommande, comme pour le gilet, la veste ou le cardigan, de garder toujours le bouton du bas ouvert. Pour l'été, il faut penser à la chemise en chambray : elle véhicule une histoire, celle du vêtement de travail américain, elle va à tout le monde et donne du style facilement. Il y a aussi le chino, vêtement polyvalent qui change du jean : beige, marron, bleu… Ceux d'Uniqlo sont parfaits. On peut roulotter le bas ou pas.

Quelles sont les erreurs à éviter ?

Penser que le noir est la gageure de l'élégance. On vous dit « c'est sobre et élégant », c'est surtout horrible ! Sauf si c'est extrêmement bien coupé dans une matière noble. Mais c'est rare ! On voit surtout des tissus lustrés, des pantalons *skinny* trop longs, des vestes trop étroites… Par ailleurs, les chaussures noires ne marchent qu'avec un pantalon noir. Quant à la chemise noire, à part Marcello Mastroianni à la fin de la *Dolce Vita,* en chemise noire et costume blanc, elle ne va à personne : elle donne un mauvais teint et ne s'accorde à aucune cravate, ni à aucune veste puisque rien n'est aussi sombre que le noir.

Comment inciteriez-vous les hommes à oser davantage et à être plus élégants ?

Je leur dirais de faire confiance à leur œil – même s'il doit s'exercer – plutôt qu'à tous les codes. Je trouve par exemple que le carreau est un motif sous-exploité. Or, on peut parfaitement marier carreaux et rayures, l'écartement doit juste être différent. Le problème, c'est que lorsque vous osez, on vous critique. Vous glissez vite fait une pochette dans votre veste et on vous fait « la » réflexion : « Tu vas à un mariage ? » En France, porter une cravate, c'est s'infliger une torture physique extrême ! On a le droit de trouver la cravate élégante, non ? On me parle aussi du confort : « Tu es à l'aise dans ces fringues ? » Effectivement, je pourrais me balader en caleçon dans la rue. On me dit aussi que mon style « fait vieux ». Tant mieux ! Je n'ai pas spécialement envie d'avoir l'air jeune. On verra comment je m'habillerai quand j'aurai 30 ans.

Les filles aiment-elles votre apparence ?

Certaines me confient qu'elles adoreraient que leur mec s'habille bien mais j'admets que cette apparence apprêtée peut créer une barrière : « Ce mec est superficiel... » En France, prendre du temps pour s'habiller est suspect : il y a une connotation homo ou politique. Je n'ai jamais eu de réflexion en Allemagne ou en Italie et je n'ai pas ce souci avec mes amis. Au contraire ! S'ils me voient en jean et tee-shirt, ils savent que je suis déprimé.

Virgile porte un « fair isle jumper », sans manches, de la marque anglaise Drakes. « Ce type de pull sans manches était très prisé par les jeunes étudiants américains des années 1950-1960, période qui constitue ma principale source d'inspiration. »

Chemise Brooks Brothers. Pantalon Marc Guyot, coupé dans un tissu prince de Galles datant d'une quarantaine d'années. Souliers et foulard Marc Guyot.

COMMENT BIEN SE FAIRE TAILLER UN COSTUME

LES CODES DE LA GARDE-ROBE MASCULINE SONT STRICTS ET ANCRÉS DANS LA TRADITION. VOICI QUELQUES CONSEILS POUR VOUS GUIDER DANS CE DÉDALE DE RÈGLES VENUES POUR LA PLUPART DE L'AUTRE CÔTÉ DE… LA MANCHE. LIBRE À VOUS DE LES SUIVRE OU PAS, MAIS ON VOUS AURA PRÉVENU !

Aujourd'hui, tendance oblige, toutes les marques font des costumes, alors comment faire la différence entre celui à 300 euros et un autre à 3000 euros ?
« Il est stupide de penser que parce qu'un produit est cher, il est forcément de meilleure qualité, explique Marc Guyot, créateur et tailleur.
Le prêt-à-porter des mega brands qui, grâce à une communication assommante, sont considérées comme des marques de luxe, est généralement proposé à un tarif égal, voire supérieur à de la demi-mesure sans pour autant être de meilleure qualité. » Notre conseil : fréquenter les bonnes maisons spécialisées dans la réalisation de complets masculins et choisir une coupe intemporelle, en accord avec votre morphologie et votre style. Si votre but est de vous forger une garde-robe pérenne, investissez dans un beau produit et méfiez-vous des tendances et des marques modeuses qui changent aussi vite que le ciel parisien !
Un costume a un coût mais s'il est de qualité, c'est un investissement que vous rentabiliserez.

« Il est préférable de connaître les codes de l'élégance masculine pour mieux les détourner. Nous interprétons nos vêtements et nous avons appris à coudre pour pouvoir les retoucher nous-mêmes. »
Swann et Loïc Joachim, fondateurs du blog « Les Frères JO' ».

Costume trois-pièces Marc Guyot en serge de laine anglaise à carreaux « Tattersall ». Mouchoir en baptiste de coton motif « Madras ». Cravate sept plis en soie « Madder » 40 onces à motif « Macclesfield ». Chemise en oxford américain « Pima Cotton » à col souple boutonné.

ON DIT QUE…

… LES HOMMES CORPULENTS NE DOIVENT JAMAIS PORTER DE CARREAUX ET QUE LES HOMMES TROP GRANDS DEVRAIENT ÉVITER LES RAYURES TENNIS. EST-CE FONDÉ ?

Pour Marc Guyot, ce sont des idées préconçues véhiculées par les mauvais vendeurs : « Le foncé n'affine pas, les carreaux ne tassent pas, la rayure n'allonge pas. C'est la coupe qui affine, pas le motif du tissu. En fait, c'est une histoire de proportions. Quand on est rond, on porte des vêtements à sa taille : Peter Ustinov était énorme et superbement habillé. Philippe Noiret n'était pas fin mais avait une extrême élégance, il portait des carreaux, voire des mélanges de motifs. Un homme qui mesure 2 mètres fera toujours 2 mètres, en carreaux, en uni ou en rayures. »

PRÊT-À-PORTER OU DEMI-MESURE : FAITES VOTRE CHOIX

EN PRÊT-À-PORTER, les patronages sont mis au point pour habiller le plus grand nombre. Le problème vient souvent du fait qu'on peut rarement dépareiller les pantalons des vestes. On est prisonnier du drop choisi par la maison proposant le costume : compliqué si on n'a pas la taille du mannequin maison. Bien sûr, on peut faire retoucher. Jusqu'à un certain point : une veste ou un pantalon retouchés à outrance tomberont rarement correctement. Et n'oubliez pas que pour rester beau, ce dernier ne doit pas être resserré de plus d'une taille, car les poches arrière sont impossibles à déplacer.

EN DEMI-MESURE, on travaille à partir d'un patronage de référence propre à chaque tailleur et interprété suivant les clients. On a aussi un choix bien plus vaste d'étoffes (plus de 5000 références) et de coupes de vestes, de formats de poches, de largeurs de revers, de longueurs de fentes, de choix entre un, deux ou trois boutons, etc. Le délai moyen d'une commande est de trois ou quatre semaines. Bertrand Verdet, directeur de magasin chez Smuggler, nous donne quelques précisions : « Le prix d'une demi-mesure varie en fonction de la façon et du tissu. En revanche, si le prix de l'étoffe est évolutif en fonction de sa qualité (plus on monte en finesse de fil, plus c'est cher : super 100, 110, 160, 180…), de sa provenance et du tisseur, le prix de la façon, lui, ne change que très peu. En effet, une fois le patronage arrêté, seul le prix de l'étoffe modifiera le prix final du costume, sachant qu'il faut en moyenne 3,50 mètres pour faire un costume. »

EN GRANDE MESURE, le costume est unique, réalisé pour et avec vous par un maître tailleur et, en principe, la qualité de finition est nettement supérieure et la plupart des coutures sont effectuées à la main.

MADE IN FRANCE

C'est la grande tendance du moment, le consommateur averti en veut pour son argent et regarde les étiquettes. Et là, surprise : de célèbres marques, malgré des prix prohibitifs, délocalisent de plus en plus loin en Europe ou ailleurs. Alors, le rayonnement du savoir-faire français est-il un leurre ? Oui pour beaucoup de griffes qui jouent ainsi avec le feu, car le jour où le subterfuge sera connu de tous, il sera difficile de regagner la confiance d'un consommateur à qui on aura fait acheter du made in Bulgarie tout en vantant la qualité, le savoir-faire et le rayonnement made in France !

LA BONNE VESTE, C'EST QUOI ?

Une veste trop longue raccourcit et tasse. « Mais entre les vestes The Kooples trop courtes à mon goût, et celles de zazous de Kid Creole and the Coconuts, il faut trouver la bonne mesure », explique Marc Guyot. « Il est amusant et instructif de regarder l'évolution des costumes dans les James Bond, de Sean Connery où les revers étaient étroits, aux vestes à revers larges de Roger Moore. Dans les années 1960-1970, ils ont rétréci pour mesurer moins de 7 cm. Les costumes du très élégant Sydney Poitier *(Dans la chaleur de la nuit)* sont typiques de l'époque. De nos jours, la norme est de 9,5 cm. »

QUELLES SONT LES ERREURS À NE PAS COMMETTRE POUR ÊTRE ÉLÉGANT ?

- Un col de veste qui bâille dans le dos : il ne doit jamais décoller de votre nuque.
- Une veste qui flotte sur le ventre : si vous pouvez y glisser une pomme, ce n'est pas bon !
- Une veste aux épaules tombantes.
- Une veste de costume trop courte qui ne couvre pas vos fesses.
- Une veste trop longue qui donne l'air court sur pattes.
- Une veste trop étriquée qui fait une grimace quand vous la boutonnez.
- Une veste qui se veut très habillée avec deux fentes : on ne monte pas à cheval !
- Une veste entièrement boutonnée : sur une veste trois boutons, on ferme celui du milieu, jamais celui du bas.
- Les mains couvertes par des manches de veste trop longues : elles doivent s'arrêter au niveau du poignet, et les manches de chemise au niveau du début de la main, de sorte que l'on puisse apercevoir un peu de chemise lorsqu'on a les bras le long du corps.
- Les manches retroussées sur un costume de ville : JAMAIS. Si on a chaud, on tombe la veste.
- Un pantalon trop long.
- Un pantalon taille basse avec une veste dont le boutonnage est haut.
- Un pantalon ajusté collant ! Laissez ça aux super-héros.
- Des chaussettes courtes qui glissent. On ne vous parle même pas des chaussettes de sport ou fantaisie...
- Une chemise manches courtes avec une cravate. On évite, à moins d'habiter à Hawaii.
- Une pochette coordonnée à votre cravate.

QUE VEUT DIRE BESPOKE ?

C'est une contraction anglo-saxonne de la proposition : *« Before we made it, we spoke about it »,* terme anglais qui désigne la grande mesure ou, plus généralement, tout produit réalisé à la demande.

L'OURLET IDÉAL

On dit qu'un pantalon doit casser une fois sur la chaussure. Mais cette règle s'adapte à la largeur du bas de pantalon. Alors large ou étroit? C'est une question de goût, de morphologie et de taille de soulier. Par exemple : un pantalon trop long tasse la silhouette. Ensuite, la longueur est proportionnelle à la largeur du bas : si le bas est de 21 cm, on peut se permettre un peu de cassant. À 18 cm (= pantalon étroit), l'ourlet peut être plus court. D'ailleurs, les Italiens aiment porter les pantalons étroits et courts pour mettre en valeur leurs souliers.

COMMENT S'HABILLER...

POUR UN ENTRETIEN D'EMBAUCHE ? Ne soyez jamais mieux habillé que le DRH. Pas d'artifice de mode : soyez propre et sobre, vous devez avant tout inspirer confiance. Marc Guyot comme Bertrand Verdet conseillent un costume gris moyen, une chemise bleu ciel ou blanche, une cravate unie mais pas noire, hormis si vous ambitionnez de travailler pour un funérarium ou un café.
Pas de pochette, les chaussures cirées, mais pas glacées comme un miroir de bordel. On doit regarder vos yeux, pas vos pieds ! Portez des mi-bas noirs pour accompagner vos chaussures noires. Évitez les chaussures pointues et courbées vers le ciel façon chaussures de lutin. Ayez les mains soignées et, surtout, des choses intéressantes à dire !

POUR UN PREMIER DÎNER EN AMOUREUX ? Évitez de faire le flamboyant, ça peut faire peur. L'important est avant tout de vous sentir à l'aise, les femmes aiment les hommes qui ont confiance en eux sans être arrogant ou prétentieux, et sont sensibles au charme, à l'intelligence et à l'humour. En cas de doute, misez sur une sobriété chic.

COMMENT ENTRETENIR UN COSTUME ?

L'idéal est de tourner avec quatre ou cinq costumes : un complet doit reposer quelques jours entre chaque port. Il ne faut pas non plus abuser du pressing, car ça casse les fibres de l'étoffe. Quant au repassage, c'est interdit, il laisse des traces définitives. Mieux vaut défroisser votre costume à la vapeur, à l'aide d'un steamer, ou tout simplement en l'accrochant sur un cintre à épaules larges dans votre salle de bains quand votre femme prend son bain. Le meilleur moyen de défroisser un pantalon est de le pendre par le bas, ceinture en bas, sur un cintre à pinces.

ALEXIS ROCHETTE

HOMME D'AFFAIRES ET ENTREPRENEUR

Quand et comment avez-vous trouvé votre style ?

Depuis que je porte des costumes. Je n'avais pas envie du « bleu de travail » ; le costume gris avec la chemise bleu ciel et la cravate sobre m'ennuyait. Donc tant qu'à faire, je voulais être en dehors des codes habituels. Je me suis rendu compte qu'être bien habillé offre une assurance et change les comportements : le mien et celui des autres. La même étoffe bleue à carreaux jaunes peut faire de vous un clown ou un homme de la plus grande élégance, tout est une question de coupe et d'assurance de soi. Dans les restaurants et les cafés où j'ai mes habitudes, les gens y sont sensibles, se souviennent de moi, ce qui m'incite à être d'autant plus courtois et discipliné. Ils seraient déçus si tout à coup, je ne faisais plus d'effort vestimentaire. Ce personnage très français pourrait paraître construit, mais c'est ma vraie nature. Je m'habille pour plaire. J'ai toujours eu envie que les gens m'aiment, me remarquent et m'apprécient, et cela passe par le vêtement, car le vêtement est un langage. Le jean troué et les baskets sur un trader qui gagne des millions, je ne trouve pas ça « cool ». « La vie est une scène de théâtre», disait Shakespeare, et je me contrefiche du regard désapprobateur de certains. Je porte ce qui me plaît, d'ailleurs je me fais souvent arrêter dans la rue par des gens qui me complimentent et semblent séduits par cette audace.

« La » tenue d'été, pantalon en lin blanc taille haute et l'exceptionnelle veste lin et soie bleue gansée de blanc, le tout de chez Arnys. Chemise sur mesure Jean-François Keit.

Vous aviez un modèle ?

Peut-être inconsciemment mon oncle et sa moustache anglaise ; il avait un style très prince de Galles, veste à soufflet et martingale. Quand j'étais enfant, je remarquais qu'il était différent des autres et ça me plaisait.

Comment choisit-on son tailleur ?

Il doit y avoir des similitudes de goûts, de sensibilité et une vraie entente. J'en ai testé plusieurs avant de rencontrer le bon, et je lui suis fidèle. En matière de tenue, l'habilleur n'est pas l'habillé, donc il faut avoir une idée de l'image que l'on souhaite projeter de soi. Je me suis fait faire mon premier costume à 22 ans, j'en ai une vingtaine que j'ai toujours conservés. Je les entretiens et les porte jusqu'à l'usure complète. Je ne suis pas maniaque, je vis avec, donc j'use.

Vous suivez les modes ?

Pour moi la mode, c'est zéro concept. Je lis des magazines féminins pour trouver de jolies choses pour ma femme mais jamais la presse masculine. Je porte ce qui me plaît, je n'ai aucune marque sur moi, je trouve le logo apparent vulgaire et tribal, cela me donnerait l'impression de faire partie d'un clan. Le singulier est mon fantasme, j'aime l'idée de posséder quelque chose que personne n'a. Ces choix n'ont rien à voir avec l'argent. C'est souvent moins cher de se faire tailler une veste à son goût que d'en acheter une de marque. Le summum est de se faire réaliser par de bons artisans des pièces uniques qu'on gardera. D'où mon intérêt pour les ventes aux enchères, j'y achète tous mes vins, car je sais qu'on peut en trouver des formidables et pas chers ! Ma démarche est la même quand j'offre des bijoux à ma femme, je les lui fais faire, pour qu'elle ait une pièce unique.

Comment trouvez-vous l'homme français ?

Il est persuadé qu'il a raison contre tout le monde. Moi-même, je vais préférer tenter le beau coup que le coup qui gagne, la victoire n'est pas forcément mon but, mais le beau geste oui. Je dirais que le Français va aimer le beau geste alors que l'Anglais aimera le geste qui gagne. L'homme français est assez séducteur, mais pas forcément dans une logique de conquête féminine. Être galant, offrir, est mon plus grand plaisir. « On peut éprouver une telle joie à faire plaisir à quelqu'un qu'on ait envie de le remercier », disait Henry de Montherlant.

Et comment trouvez-vous les Parisiens ?

Ce qui me surprend toujours à Paris c'est la capacité des gens à se hurler dessus pour une place de parking, pour une table dans un bistrot, à s'énerver sur des petits évènements du quotidien ! « Les petits évènements affectent les petits esprits », disait Benjamin Disraeli.

Les Parisiennes ?

Il suffit de voyager pour se rendre compte combien la Parisienne sait se mettre en valeur : un talon qui affine la jambe, un chemisier qui souligne la taille, des petits riens qui font tout. Je me demande si la Parisienne ne se transmet pas cela de mère en fille, comme les recettes de famille.

Mon premier costume, fait sur mesure en 1999.

Bottines à boutons bi-matières sur mesure de chez Aubercy. Elles ont douze ans et avaient beaucoup fait rire ma grand-mère qui avait retrouvé un « tire-boutons » en argent dans ses placards, outil indispensable pour boutonner ce type de souliers.

Mocassins Pierre Hardy.

Baleines en vermeil Charvet.

« J'ADORE PORTER DU ROSE, BRETELLES ROSES, CRAVATE ROSE, ÉCHARPE ROSE, CHEMISE ROSE (SUR MESURE PAR MON GRAND AMI JEAN-FRANÇOIS KEIT)... POUR MON ANNIVERSAIRE DE MARIAGE, J'AI MÊME FAIT TAILLER UN COSTUME TROIS-PIÈCES ROSE. LE ROSE S'ASSOCIE PARFAITEMENT AVEC LE TRÈS SOMBRE COMME LE TRÈS CLAIR. »

Costume en velours milleraies, Marc Guyot. Chemise mesure Jean-François Keit. Boutons de manchette Dunhill. Écharpe en soie rapportée de voyage. Lunettes Bourgeois - L'Ingénieur Chevallier.

LE B.A.-BA DE LA CHEMISE

PRATIQUEMENT INCHANGÉE DEPUIS QU'EN 1871, LA MAISON BRITANNIQUE BROWN, DAVIS & CO. (ALDERMANBURY) DÉPOSE LE BREVET DE LA CHEMISE BOUTONNÉE, C'EST UNE DES PIÈCES MAÎTRESSES DU VESTIAIRE MASCULIN. ET SI VOUS FAITES PARTIE DE CEUX QUI DOIVENT EN PORTER UNE AU BUREAU, VOICI QUELQUES PISTES POUR FAIRE LES BONS CHOIX.

DÉJÀ, UNE CHEMISE DOIT ÊTRE À VOTRE TAILLE, ne pas flotter autour de vous, ne pas avoir les épaules qui tombent, le col qui bâille et les manches trop longues : inutile de prévoir du rab, normalement à plus de 25 ans, vous avez arrêté de grandir. D'ailleurs, même l'habilleur américain conservateur Brooks Brothers a lancé des chemises « extra slim fit ». C'est dire si les volumes ont changé. Aujourd'hui, la chemise se porte plus près du corps. À vous de travailler vos abdos !

SI VOUS SOUHAITEZ UNE CHEMISE QUE VOUS PORTEREZ ÉTÉ COMME HIVER avec vos costumes, choisissez une belle popeline de coton au tissage très serré, qui se froissera difficilement. « Chez Courtot, on privilégie les fabricants qui travaillent le coton égyptien, sa fibre est plus longue, souple et résistante », explique Cydonia Courtot.
Les pans de la chemise que l'on porte avec un costume sont plus longs que ceux d'une chemise casual, c'est normal, ils doivent bien rentrer dans le pantalon et rester calés.
Une petite règle à ne pas oublier : la chemise est toujours plus claire que le costume que vous portez. Donc, à moins que vous ne souhaitiez ressembler à Al Pacino dans *Scarface,* la chemise noire avec votre nouveau costume de chez Ralph Lauren n'est pas obligatoire.

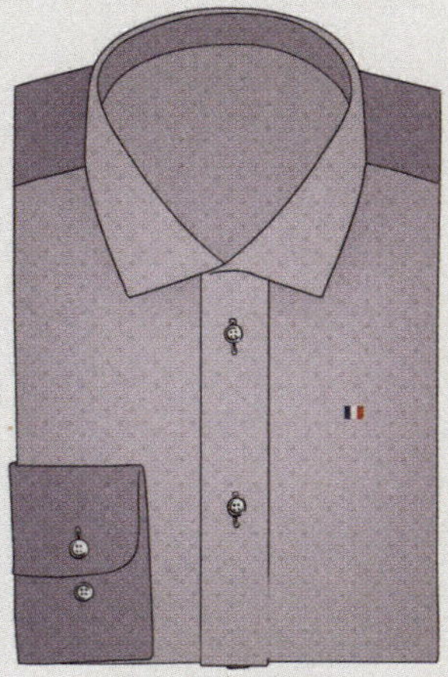

COL FRANÇAIS.

COL MILANAIS.

COL ROMAIN.

COL ANGLAIS.

LES DIFFÉRENTS COLS

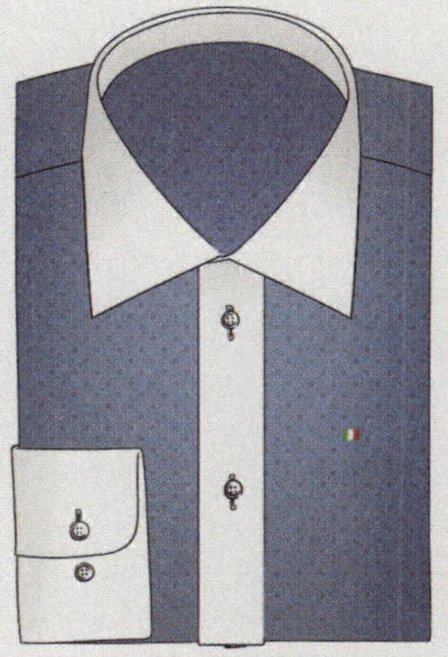

COL ITALIEN.

En achetant votre chemise, soyez attentif au col. Il doit être rigide, avoir de la tenue pour être élégant. Ne faites pas l'impasse sur les baleines, ce petit accessoire en plastique blanc, voire en vermeil, corne ou argent (chez Charvet) qui l'aide à se « tenir droit ».
Les manches de votre chemise doivent toujours dépasser de 1,5 cm, maximum 3 cm, de la manche du costume. Bien sûr, il n'y a jamais de poche sur une chemise élégante.

QUELQUES DÉTAILS VOUS INDIQUERONT QUE VOTRE CHEMISE EST TRÈS BIEN FABRIQUÉE : comme, normalement, les manches d'une chemise sont montées en dernier, les coutures de l'emmanchure sous le bras sont décalées de quelques millimètres ; c'est un signe de qualité et cela permet d'éviter la surépaisseur, inconfortable, résultant du chevauchement des différentes coutures. Cela facilite aussi le repassage en permettant de mettre bien à plat la partie à repasser. Les hirondelles de renfort, ces petits triangles de tissu reliant les pans avant et arrière de la chemise, évitent la déchirure et sont souvent de couleur. On les retrouve de plus en plus sur les chemises venant du prêt-à-porter. Évitez les coutures doubles aiguilles, qui donnent une couture plate à deux piqûres, plus facile à réaliser mais moins raffinée, et préférez les coutures anglaises : bien qu'utilisant aussi deux fils et deux piqûres, elles dissimulent la seconde à l'intérieur de la chemise. Bien sûr, on bannit les chemisettes, surtout avec un costume et, en France, on adhère assez peu à cette mode américaine de porter un tee-shirt sous sa chemise, surtout avec une chemise d'été.

SACHEZ, MESSIEURS, QUE LES BOUTONS D'UNE BELLE CHEMISE D'HOMME SONT TOUJOURS EN NACRE (Courtot, Charvet), mesurent 11 mm de diamètre et ont quatre trous – les boutons d'une chemise de femme n'en possèdent que deux et mesure 10 mm de diamètre. Enfin, les chemises de puristes se distinguent par leur dernière boutonnière horizontale, alors que toutes les autres sont verticales. Pour les chemises à rayures, vérifiez que les raccords des rayures épaules-manches sont parfaits.

COMMENT ENTRETENIR SES CHEMISES ?

Le mieux est de les laver en machine à 40°C, en utilisant de la lessive en poudre pour le blanc et de la lessive liquide pour les couleurs ; quelques gouttes de vinaigre rendront le blanc plus éclatant en neutralisant le calcaire. Surtout, proscrire le séchage en machine qui est meurtrier pour le linge mais faire sécher ses chemises sur un cintre. Les repasser au fer sec (c'est-à-dire sans vapeur). Cydonia Courtot préfère humidifier le tissu, voire utiliser une pattemouille pour les endroits délicats comme les épaules ou les poignets.

SUR MESURE ?

En sur-mesure, une fois que vous aurez choisi votre popeline, le col… et que vos mesures auront été prises, le chemisier fera un patronage puis il coupera la chemise, qui sera bâtie, c'est-à-dire cousue avec de gros points. Vous l'essayerez une première fois. Elle sera ensuite ajustée, puis décousue et retravaillée par rapport à ce premier essayage. Un second essayage sera programmé pour tout valider. On peut préférer des boutonnières à la main plutôt que des boutonnières machine et se faire broder ses initiales ; discrètement, cela va sans dire !

Chemise Gossuin.

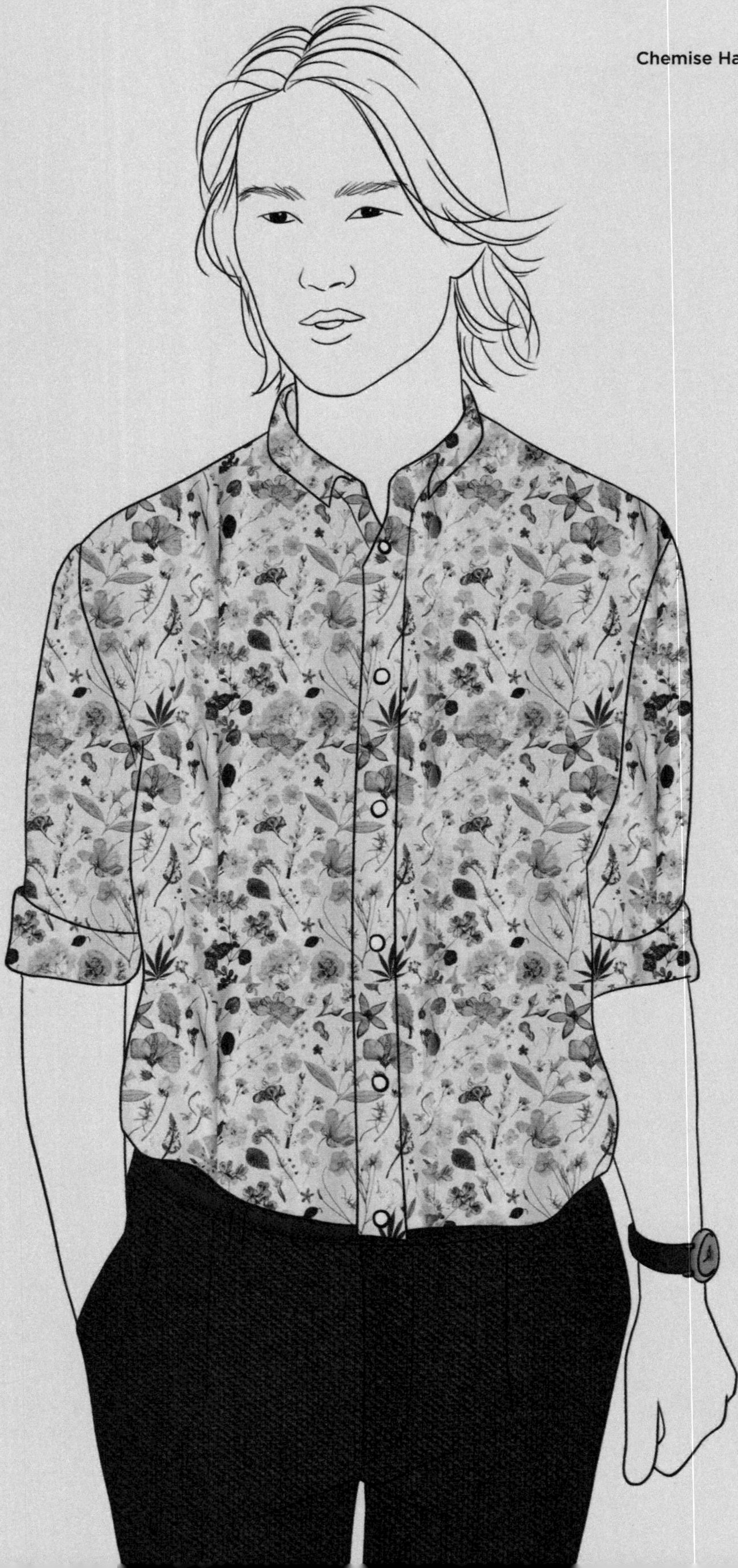

Chemise Hartford.

Chemises Rastignac à cols amovibles La Comédie Humaine.

POUR LE SOIR ?

Soit vous portez un smoking et, dans ce cas, le col cassé s'impose, soit vous êtes en costume et le col de ville, ou col italien, sera parfaitement adapté. Et surtout, sous prétexte de faire « cool », ne sortez jamais votre chemise de costume de votre pantalon, c'est déplacé et ringard. On évite de déboutonner sa chemise jusqu'au nombril et de porter le col relevé façon poète maudit, ça fait vieux beau dépassé par les évènements. Si on porte une cravate, on ferme bien son col jusqu'au dernier bouton, sous peine d'avoir l'air faussement décontracté d'un présentateur du journal télévisé. « En général, on évite les cravates avec les cols à pointes boutonnées, type chemises Oxford », précise Cydonia Courtot.

LA CHEMISE À MOTIFS, ON PEUT OU PAS ?

Si vous souhaitez mélanger les motifs de votre chemise avec ceux de votre cravate ou de votre costume, la règle est d'une simplicité extrême : lorsque vous coordonnez deux motifs similaires (carreaux, rayures), ils doivent être d'échelles différentes pour le confort des yeux de ceux qui vous regardent.
Nous sommes catégoriques : la banale chemise blanche à carreaux gris de cadre moyen ne passera pas par vous ! Pas plus que la chemise à rayures bas de gamme. Au bureau, si vous voulez vous donner du peps, misez plutôt sur les détails : une chemise cintrée unie avec un motif floral ou à carreaux à l'intérieur du col et du bas des manches, comme le fait Courtot. Quant à l'imprimé Liberty, le vrai, vous savez ces petites fleurs mignonnes, popularisées par Cacharel et Paul Smith, bien porté, c'est-à-dire sur un costume moins formel, il donne fière allure.

Chemise et
pull Gossuin.

ALAIN GOSSUIN

DIRECTEUR ARTISTIQUE DE LA MARQUE ÉPONYME

Sur l'échelle de l'élégance, où situez-vous le Français ?

Pile-poil entre l'Italien et l'Anglais. Qu'il soit businessman ou « chasse, pêche et nature », l'Anglais, avec ses codes et ses coupes, même s'il est chic, a un côté rigide. L'Italien est davantage en verve, chatoyant et coloré.
Le Français est plus sobre et linéaire, ni trop souple ni trop raide, c'est ce qui fait son élégance. Pour moi, c'est Jean Gabin dans ses films d'après-guerre, d'une élégance rare, qu'il soit flic, voyou ou très âgé dans *Le Clan des Siciliens*. Ou encore Alain Delon, Lino Ventura, Jean-Paul Belmondo dans les films de Verneuil des années 1970, période où le costume était à son apogée. Même si le costume d'aujourd'hui a perdu de sa superbe, pour moi, c'est toujours à Paris que les hommes sont les plus beaux. C'est plus une question d'allure que de physique. Ils sont moins extrêmes. Ils ont une maturité et une connaissance du vêtement sans le savoir. Qu'ils aient une culture ou une non-culture de la mode, ils savent naturellement ce qui leur va, ils obéissent moins aux codes et n'ont pas peur de mixer Hermès et H&M. Pas besoin non plus d'être un hipster pour ressembler à quelque chose !

« TRAVAILLER DANS LA MODE N'EST PAS TOUJOURS SYNONYME DE BON GOÛT. D'AILLEURS, LES FRONT-ROW ET LES SORTIES DE DÉFILÉS SONT SOUVENT RISIBLES ! »

Jeans Gossuin réalisés avec du vrai indigo dans une toile japonaise faite sur des vieux métiers à tisser, d'où les irrégularités.

Pour vous qui avez créé une ligne de vêtements, quelle place leur donnez-vous dans votre vie personnelle ?

Je n'ai jamais été un fou de shopping. Il y a trop de vêtements, trop de propositions, trop de soldes, trop de logos… J'ai envie de revenir à une slow-consommation. Plus que le plaisir de m'habiller, j'ai toujours eu une passion pour l'histoire du vêtement, la matière, la fabrication, les détails, les boutons… C'est aussi la raison pour laquelle je suis passionné de voitures anciennes. J'aime que les objets et les vêtements durent, que l'on puisse les donner ou les transmettre. J'ai récupéré des draps anciens avec les initiales de ma famille, en coton et en lin, épais et bien frais. J'ai aussi le manteau de mon grand-père. Il a été retourné : à l'époque, on apportait ses manteaux usés chez le retourneur pour les faire durer plus longtemps. D'ailleurs, les vêtements que je propose ont leur carte d'identité : pour chacun d'eux, on sait qui l'a fabriqué, à quel moment et dans quel matériau. Ainsi valorisés, on peut les rapporter pour les réparer, les revendre ou les recycler. Ce geste citoyen est un autre aspect de l'élégance.

« JE N'AVAIS PAS DE SAC JUSQU'AU JOUR OÙ MON COPAIN JÉRÔME DREYFUSS M'A OFFERT SON MODÈLE FRANKY. À L'INTÉRIEUR, DES BONBONS, MES LUNETTES, DES ÉCHANTILLONS DE TISSUS, UN LIVRE, DES LETTRES ET 4000 CHANSONS QUE J'ÉCOUTE EN FAISANT UN BREAK DANS UN PARC. »

Manteau, chemise,
pull et jean Gossuin.
Chaussures COS.
Sac Jérôme Dreyfuss.

Chemise Gossuin avec un poignet creusé, signature de la marque, pour permettre des manches plus longues et un tombé parfait.

C'est votre idée du luxe ?

Oui, même si c'est un mot que je déteste utiliser. Pour moi, il est synonyme de méchanceté et de profit. Le luxe n'est pas chic, il est chargé d'arrogance. Je préfère en donner une autre version : le luxe, c'est posséder une pièce unique, réalisée avec cœur et faite pour durer. J'ai besoin de savoir qui l'a fabriquée, si on a consommé beaucoup d'eau pour produire le tissu… Même si ce qui est cher est considéré comme du luxe, le luxe n'est pas forcément cher. La valeur ne devrait pas être mise dans le marketing mais dans le vêtement et l'éthique de sa fabrication. Après, chacun est libre de consommer du logo !

Pour vous, la mode et le monde vont-ils trop vite ?

Le vrai luxe serait, bien sûr, d'avoir du temps pour soi, de ralentir. Aujourd'hui, tout le monde veut tout faire. Des vêtements, de la photo, des livres… On vante le DIY, le fameux *Do It Yourself*. Du coup, on déprécie les métiers. Je m'occupe de réaliser des vêtements avec les bonnes personnes, au niveau local et au bon prix. Je me limite à ce que je sais faire et je l'apprécie.

Quelle est la pire horreur vestimentaire ?

Les chaussettes de tennis avec un costume ! Sinon, j'ai beaucoup d'indulgence avec les fautes de goût à partir du moment où on n'y a mis aucune prétention. À l'inverse, les pièces bourrées d'excentricités, soi-disant créatives mais sans aucune allure, m'exaspèrent. Travailler dans la mode n'est pas toujours synonyme de bon goût. D'ailleurs, les front-row et les sorties de défilés sont souvent risibles !

Cardigan vintage Lyle & Scott. Chemise Gossuin.

Se tenir mal à table ou resquiller, c'est du mauvais goût ?

Je peux concevoir qu'une personne pose ses coudes sur la table ou passe devant tout le monde dans une file d'attente du musée du Louvre. Tant que ce comportement ne gêne pas la liberté d'autrui, j'en souris ! Après tout, qui détient la vérité ? Bien sûr, pour moi, la courtoisie est une valeur fondamentale, surtout sur notre planète pourrie par l'argent. J'ai plus de mal avec les gens qui hurlent. La pire inélégance est de penser qu'on est seul, sans s'occuper des autres. En voiture, tout est permis ! D'ailleurs, j'ai arrêté de conduire à Paris. Je préfère les transports en commun : même si on vous regarde d'un air hautain en vous marchant sur les pieds, il suffit que vous en fassiez la remarque pour que le malotru s'excuse et devienne charmant. On a la chance d'être dans un pays avec beaucoup de libertés et où il fait bon vivre, alors pourquoi râler sans cesse ?

QU'OFFRIR À L'ÊTRE AIMÉ ?
« LA SURPRISE, C'EST 90 % DU CADEAU. UN RESTO OU UN VOYAGE INATTENDU. « PRENDS TA BROSSE À DENTS ET HOP ! » »

SMOKING
OR NOT SMOKING ?

« BLACK TIE », « WHITE TIE », « FORMAL WEAR », « TENUE DE COCKTAIL » : SI CES MOTS VOUS LAISSENT PERPLEXE, UNE PETITE EXPLICATION DE TEXTE S'IMPOSE. PAS QUESTION DE SORTIR AVEC LE MAUVAIS DRESS-CODE ! IL Y A QUELQUES RÈGLES À SUIVRE. L'ABUS DE SMOKING N'EST PAS TOUJOURS DANGEREUX POUR LA SANTÉ.

COMMENÇONS PAR LE PLUS SIMPLE : LES DÎNERS EN VILLE. Une tenue correcte suffit ; en fait, le mieux est de s'adapter aux personnes qui nous reçoivent.
« En France, dans certains milieux conservateurs et bourgeois, il est encore mal vu pour les hommes d'avoir de l'audace et de sortir des conventions et du formalisme. Celui qui aime s'habiller et ose les couleurs se verra souvent reprocher son côté précieux, voire sa féminité », regrette Philippe de Chambarlhac, créateur-associé de la marque Lagonda, qui affectionne les couleurs vives.

POUR UN COCKTAIL, ON S'HABILLE EN COSTUME DE JOUR, il n'y a pas vraiment de règle stricte, il ne faut juste pas être habillé de façon trop formelle, pour ne pas être décalé.
S'il est indiqué « black tie » sur votre carton d'invitation (cravate noire qui fait référence au nœud papillon noir que l'on porte avec un smoking), on doit venir en smoking (*tuxedo* pour les Américains).
Le dress-code « white tie » est le plus formel et le plus strict des dress-codes pour homme. C'est l'habit, ou queue-de-pie, porté par Fred Astaire dans *Top Hat,* probablement fait par la maison Anderson & Sheppard, dont il était client depuis les années 1920. Rassurez-vous, le genre de soirées où on le porte n'existent pratiquement plus. À moins que vous soyez convié à la Maison Blanche, à un grand gala ou au Bal des débutantes.

Tenue de marié type : jaquette grise, gilet en soie sauvage rose, chemise blanche et cravate grisaille, haut-de-forme en paille pour un brin d'audace, le tout chez Lagonda.

Et pour les grands mariages, lorsque le dress-code demandé est « formal wear », on porte une jaquette grise ou noire, un gilet gris souris ou assorti et un pantalon rayé gris et noir, le tout sur une chemise blanche à poignets mousquetaires, avec une cravate grise qui porte le nom de « grisaille » ; on peut aussi porter une cravate plastron (lavallière) avec un col cassé, toujours accompagnée d'une épingle à cravate ou une Ascot, comme les héros du film *Quatre mariages et un enterrement,* éventuellement de couleur. Ne pas oublier le chapeau haut-de-forme gris en « peau de lapin ». Les parfaits modèles à suivre étant, bien sûr, le prince William et son frère, le prince Harry, qui « osent des chemises bleues à col et poignets blancs dans la pure tradition britannique », explique notre expert.

La mode étant passée sur le smoking, on en trouve en laine texturée (De Fursac), en velours (Tom Ford) ou de couleur, à vous de voir, mais n'oubliez pas la seule règle immuable en matière de smoking : *« Less is more. »* Le but est d'être élégant sans ostentation et de mettre sa cavalière en valeur. Bonne soirée !

LES RÈGLES DE L'ART

✖ Le smoking ne se porte que le soir. Il est noir ou bleu nuit en laine barathea ou en alpaga, droit ou croisé, avec des revers col châle ou col cran aigu, en satin de soie.

✖ La veste ne possède pas de poche à rabat et comporte un seul bouton couvert dans le même tissu que les revers, à moins qu'il soit croisé, auquel cas les boutons seront en bakélite noire.

✖ On peut glisser une pochette blanche dans la poche poitrine.

✖ La chemise de smoking est toujours blanche, en popeline, et ses boutons sont cachés ; on peut aussi porter des « boutons de plastron » amovibles (*studs* en anglais) assortis aux boutons de manchette.

✖ Il se porte avec un col à rabat mieux adapté au nœud papillon, indissociable de cette tenue, et que l'on doit nouer soi-même, les nœuds vendus tout faits étant plus rigides et moins élégants : grave faute de goût pour certains !

✖ Le pantalon sans revers est de la même couleur que la veste. Plus étroit que celui d'un costume de ville, il possède une bande de soie extérieure et n'a pas toujours de poche. Sa ceinture est « réglable mais sans passant ».

✖ Si votre pantalon n'est pas assez ajusté, portez des bretelles.

✖ Jamais de souliers de ville, mais des Richelieu vernis ou, pour les puristes, des escarpins à nœud plat en « gros-grain noir » qui portent le nom d'« opera pump » ou encore des chaussons slippers de chez Mattew Cookson.

✖ Enfin, le smoking se porte avec une large ceinture de soie noire « cummerband ». « Mais je me souviens d'une connaissance qui s'en faisait faire sur mesure dans des foulards Hermès ! » s'amuse Philippe de Chambarlhac.

“ IMMORTALISÉ PAR JAMES BOND, DE SEAN CONNERY À DANIEL CRAIG, LE SMOKING DONNE DE L'ABATTAGE AU MOINDRE QUIDAM. MAIS ATTENTION, QUELQUES ERREURS GROSSIÈRES PEUVENT VITE LE RENDRE RINGARD AUX YEUX DES CONNAISSEURS ! TOUT LE MONDE N'A PAS LA CLASSE NATURELLE DE TOM (FORD) ! ”

Chemise et nœud papillon Lagonda.

MAIS AU FAIT, C'EST QUOI UN SMOKING ?

« Le smoking, *diner jacket* pour les Anglais, était la veste qu'on mettait après le dîner pour fumer entre hommes, nous éclaire Philippe de Chambarlhac. La légende dit qu'un financier américain du nom de Potter, invité par le prince de Galles et séduit par sa *smoking jacket,* se serait fait faire la même par son tailleur anglais puis, de retour à New York, en aurait lancé la mode à son club "Le Tuxedo"... D'où le nom *tuxedo* utilisé par les Américains. »

ET LE SMOKING BLANC ?

Exercice périlleux hors des pays tropicaux ! On peut porter une veste de smoking blanche en été mais toujours avec le pantalon de smoking noir et sa bande de soie noire. La meilleure façon de porter la veste de smoking blanche est celle de William Holden dans *Sabrina* de Billy Wilder, ou encore celle de James Mason dans *Lolita* de Kubrick.

Slippers Matthew Cookson.

FRANÇOIS LEGROS

RETRAITÉ

AVEC UN HOBBY CRÉATION DE BIJOUX PERSONNELS

Avez-vous toujours eu du goût pour les vêtements ?

Déjà à 15 ans, à Vendôme, ma ville natale, je me faisais remarquer. Je ne portais pas de jean, je préférais mélanger les couleurs, les tissus… Dès que j'ai eu un peu d'argent, je me suis fait faire un costume sur mesure chez l'unique tailleur de la ville. J'ai mis un an à le payer, je ne l'ai jamais regretté. À l'époque, pour aller au thé dansant, je faisais amidonner mes cols de chemise et mes poignets mousquetaires chez la lingère. Je ne portais pas de cravate mais des rubans en gros-grain que je récupérais chez mon oncle chapelier, un monsieur dont j'ai dû hériter le goût pour l'élégance. Ce n'est sans doute pas un hasard si j'ai travaillé cinquante ans dans le tissu et le prêt-à-porter !

« Pierre Talamon, c'est ma marque. Simplicité et rigueur, lignes épurées, finitions extraordinaires, confort extrême... »
Chemise Pierre Talamon. Collier Mimilamour.

Le gène de la mode est-il transmissible ?

Je viens d'une famille « modeuse » et plutôt classe. Dans un beau costume, je me sens toujours chez moi. Mon fils de 40 ans aime aussi s'habiller. Il n'a pas suivi ma voie, il coordonne des projets dans l'industrie pharmaceutique, mais il est toujours raffiné. Même en sportswear il ne portera pas un tee-shirt banal. D'ailleurs, au bureau, on lui fait des remarques sympathiques.

« MON LIVRE DE RÉFÉRENCE : *AU BONHEUR DES DAMES* DE ZOLA. COMBIEN DE FOIS JE L'AI DÉVORÉ ! »

Pourquoi est-ce important de bien vous habiller ?

Le vêtement ne fait pas l'homme. La stature dans le vêtement est bien plus révélatrice d'une personnalité : un bel homme sophistiqué mais étriqué dans son attitude, je ne le vois pas. La *french touch,* c'est un homme qui se sent à l'aise dans ses habits, quels qu'ils soient. Finalement, je m'intéresse peu à mon apparence, je ne m'habille pas pour les autres mais pour moi : une jolie chemise m'aide à me sentir bien. Même pour aller au marché, j'enfile une chemise élégante, un jean noir ou mon sarouel acheté il y a plus de cinquante ans pendant mon service militaire en Algérie, et le bijou de lunettes et les bagues que je me suis créés. Autrefois, je trouvais que les bijoux donnaient une image efféminée, je n'aurais jamais osé. J'en porte depuis un an ! Avec l'âge, je me fiche encore plus du « qu'en-dira-t-on » ; j'ai gagné en assurance, donc j'assume pleinement ma personnalité. À 73 ans, il était temps ! Parfois, ma femme a un peu de mal à admettre ce côté extravagant que je lui impose. Elle me dit en plaisantant : « Je ne sors pas avec toi si tu gardes ton vieux sac de docteur ! » Je pense aussi que l'audace est liée à l'ouverture d'esprit. Je suis curieux des autres, avide de connaissances et de savoir, pas seulement dans la mode. Je ne veux pas prendre le risque de passer à côté de quelque chose. D'ailleurs, je fréquente peu de gens de mon âge, je me dirige toujours vers les plus jeunes.

« J'AI TRAVAILLÉ LONGTEMPS AUX TISSUS RODIN SUR LES CHAMPS-ÉLYSÉES. C'EST VRAI, LA QUALITÉ DES TISSUS A CHANGÉ, ILS SONT MOINS LOURDS MAIS S'ADAPTENT PARFAITEMENT AUX COUPES ACTUELLES. »

Les Français s'intéressent-ils à la mode ?

Après une période de laisser-aller, il y a de nouveau une envie de s'amuser chez les 25-30 ans. Ils veulent un look. Ils s'entraînent les uns les autres, avec moins de préjugés. Il y a quelques années, ils s'achetaient un baggy ou un beau jean avec leur première paye, aujourd'hui, ils veulent un costume. Le costume est en train de reprendre la première place, sans doute grâce à l'influence du style pop des Anglais et de l'élégance italienne. Certains sont encore un peu maladroits, ils mélangent des styles pour provoquer et se donner une image mais, si ça tombe à côté de la plaque, on atteint le comble du mauvais goût.

« J'ai remplacé les lacets de mes baskets par des cordelettes de marin achetées à Saint-Gilles-Croix-de-Vie : je voulais en faire des bracelets brésiliens. » Polo Zara. Pantalon indien acheté lors d'un voyage. Collier et bague Mimilamour.

« Sarouel acheté à Hassi Messaoud il y a cinquante ans pendant mon service militaire. » Collier et bague Mimilamour. Mocassins Shoe Biz.

Un vrai *doctor bag* chiné chez Soukette & Lilian.

Qui incarne le mieux l'élégance ?

Je ne peux pas m'empêcher de penser à Jean-Claude Brialy dans les films de la Nouvelle Vague. Une élégance tout en désinvolture. Même âgé, il l'a gardée. Aujourd'hui, sur les tapis rouges, ce sont les Américains que je trouve les mieux habillés. Mon style préféré, ce sont les vêtements anglais des seventies. Mais l'élégance, ce n'est pas que l'apparence. Il y a aussi le savoir-vivre et la galanterie. Dans le bus, rien ne m'excède plus que les gens qui vous poussent pour entrer alors que vous n'êtes pas sorti. Pourtant, si je laisse ma place à une femme, elle me regarde bizarrement, comme s'il y avait de la rivalité. Je suis peut-être en décalage avec l'époque ! Ça ne m'empêche pas d'envoyer des cartes postales et de faire des cadeaux.

Il y a peu de temps, j'ai fait porter une superbe gerbe de poireaux et de carottes à des amis. En retour, j'ai reçu une jolie paire de chaussures avec des courgettes et du thym dans la boîte. C'est ça aussi la *french touch !*

LA CORDE AU COU ?

LES CRAVATES, COMME LES CHAUSSETTES, RÉVÈLENT BEAUCOUP SUR LA PERSONNE ET SUR SES GOÛTS, DONC VIGILANCE... POUR NE PAS AVOIR LA CRAVATE DE GUINGOIS, INITIEZ-VOUS AU DÉLICE DU NŒUD OLD BERTIE OU WINDSOR ! ET POURQUOI NE PAS RETROUVER LE PLAISIR DU NŒUD PAP ?

ENCORE UN ACCESSOIRE DU VESTIAIRE MASCULIN AUQUEL LOUIS XIV A DONNÉ SES LETTRES DE NOBLESSE. La légende dit qu'il aurait engagé un régiment de hussards croates aux cous joliment ornés d'une écharpe blanche. Jaloux et engoncés dans des « fraises » encombrantes, peu confortables et salissantes, les soldats français s'empressent d'adopter ce morceau de tissu, plus ou moins brodé selon le rang, rebaptisé « cravate ». Puis Louis XIV crée la fonction de « cravatier », qui appartient au service de la chambre du roi et a le statut d'écuyer. Cet « écuyer cravatier » choisit et ajuste les cravates du roi, mais il est aussi en charge des boutons de manchette et des diamants. Même la Révolution française ne réussira pas à faire disparaître cet ornement aristocratique !

BIEN SÛR, LE LONG FOULARD NOUÉ AUTOUR DU COU VA ÉVOLUER pour devenir la cravate que nous connaissons, longue, étroite, coupée dans le biais et assemblée en trois parties, grâce à l'ingéniosité de Langdorf, un cravatier new-yorkais qui lui donnera son aspect actuel. Elle n'est plus réservée aux hommes d'affaires et aux quinquas : la cravate est un accessoire de mode, comme le nœud papillon ou la pochette. « Ce retour a été enclenché par des séries télévisées comme *Gossip Girls* et *Suits,* qui mettent en scène des ados hyper-élégants et branchés portant le costume. De nouveaux chanteurs comme Stromae contribuent au rajeunissement de l'image du nœud papillon », nous explique François Régis Laporte, cravatier, fondateur de Maison F.

Cravate 100 % soie Maison F, nœud demi Windsor, pince à cravate. Pochette carrée 100 % soie, pliage 4 pointes. Veste Gossuin.

NE PAS SE TROMPER SUR LE CHOIX DE SA CRAVATE MÉRITE DE MAÎTRISER QUELQUES RÈGLES

Une belle cravate est forcément réalisée à la main. « Ce qui fait la vraie différence entre plusieurs cravates, c'est l'entoilage, la main et le poids de la matière, le choix de la doublure, de la bride et des boucles, plus ou moins garnies. Une belle cravate est roulée à la main, elle doit parfaitement épouser l'entoilage. Très souvent dans les cravates faites à la machine on sent une différence entre l'entoilage et la soie, il y a un jeu de quelques millimètres sur les côtés. Le fait qu'il n'y ait pas de jeu est un des gages de bon montage », conseille François Régis Laporte. Les matières nobles sont à privilégier comme la soie, le twill de soie ou la laine. On fuit les cravates en polyester qui n'ont aucun chic ni aucune tenue.

La Rolls Royce de la cravate est la « sept plis » réalisée à partir d'un carré de soie plié sept fois vers l'intérieur pour lui donner une consistance incomparable.

La bonne largeur oscille entre 8 à 10 cm, sachant que les Italiens, plus flamboyants, les préfèrent larges (Marinella ou encore Passaggio Cravatte).

1

2

3

DE L'ART DE BIEN PLIER SA POCHETTE

« Pour ne pas faire d'erreur, je conseillerais le pliage tulipe (photo 2) ou bouillonné (photo 3). Personnellement, je préfère le pliage carré qui est à mon sens le plus élégant (photo 1). Il est moins facile à réaliser qu'il n'en a l'air, d'ailleurs certaines marques de grande diffusion ont intégré une pochette carrée à l'intérieur de la poche poitrine... *No comment.* » François Régis Laporte, de Maison F.

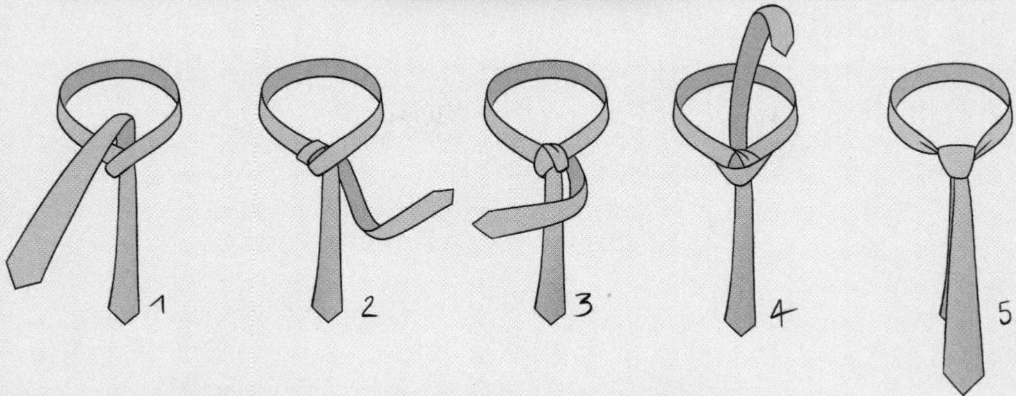

IL EXISTE UNE INFINITÉ DE MANIÈRES DE NOUER SA CRAVATE. BEAUCOUP DE NŒUDS ONT ÉTÉ MIS AU POINT ET CRÉÉS DANS LES MILIEUX SPORTIFS ANGLAIS, INSPIRÉS DES NŒUDS MARINS OU DES BRIDES D'ATTELAGE. VOICI LE MODE D'EMPLOI DU WINDSOR.

À lire aussi, *85 façons de nouer sa cravate* par Thomas Fink et Yong Mao.

LES ERREURS À NE PAS COMMETTRE

- Évitez les cravates à motifs, genre golfeurs, hirondelles… très années 1980, ainsi que tous les motifs humoristiques qui ne feront rire que vous.
- Bannissez les cravates rouges, difficiles à porter, ainsi que les cravates noires qui font vite garçon de café ou membre du service de sécurité.
- Si vous souhaitez mélanger des motifs similaires, choisissez-les d'échelles différentes ; trouvez une photo de Cary Grant et copiez-le : il était passé maître dans l'art du mixage de motifs.
- Pour certains puristes, le nœud papillon ne peut être qu'à faire soi-même, et surtout pas prénoué, vous n'êtes plus des enfants, que diable ! Oscar Wilde disait que « bien nouer sa cravate est le premier pas sérieux dans la vie ».
- On ne porte jamais sa cravate à mi-braguette ! Elle doit arriver à la partie supérieure de votre ceinture et le petit pan doit être plus court que le grand.
- Surtout, pas de cols « dantesques » surpiqués avec plusieurs boutons.

On aime avec un beau costume uni les motifs géométriques – carreaux, tartans, plaids, diamants, uniquement tissés, cela va de soi ! Les cravates aux petits motifs obtenus par tissage très serré de différents fils de couleur s'appellent des cravates *Macclesfield.*

« Pour un aspect plus décontracté, je porte le costume sans chaussettes, avec une paire de sneakers New Balance et une pochette en coton blanc roulotée main, placée avec le moins d'application possible. » Costume en coton Lardini, polo Giampaolo en jersey de coton.

PIERRE-ANTOINE LEVY

CONSULTANT EN MENSWEAR

COFONDATEUR DU BLOG « FOR THE DISCERNING FEW »

Est-ce facile pour un homme de s'intéresser à la mode ?

En France, les hommes qui aiment les vêtements sont catalogués. Déjà à 6 ans, je voulais des baskets que personne ne portait. Au collège, je ne maîtrisais pas les codes, j'écoutais du rap américain, j'avais des Jordan, des Requin et des pulls à capuche. Tous les ans, je partais aux États-Unis et je revenais avec des pièces introuvables en France. À partir de 22 ans, mon goût s'est affiné mais j'étais focalisé sur les marques. Sans aucune cohérence. Je dépensais bêtement pour des pièces qui ne duraient pas. À partir du moment où j'ai arrêté de m'intéresser aux marques pour m'attacher aux vêtements, j'ai fait des progrès. J'ai décidé de repartir de zéro, en autodidacte, avec des livres et des films, comme les *James Bond* époque Sean Connery. J'ai aussi compris qu'il était possible de faire des retouches aux vêtements achetés en prêt-à-porter.

« À PARTIR DU MOMENT OÙ J'AI ARRÊTÉ DE M'INTÉRESSER AUX MARQUES POUR M'ATTACHER AUX VÊTEMENTS, J'AI FAIT DES PROGRÈS. »

« Je porte généralement ma montre, une Omega Genève des années 1960, par-dessus mon poignet de chemise parce que j'aime que mes poignets de chemise soient bien ajustés. »

Est-ce une question de moyens ?

Même pas. Quand Steve McQueen pose pieds nus en chino, il est chic avec 70 euros sur le dos. Mon short en chambray American Apparel passe très bien parce que ce n'est pas la pièce emblématique de la marque et que je sais l'associer. Le *smart-dressed,* c'est savoir trouver la bonne pièce et l'intégrer avec ce que tu as en banque.

Bien s'habiller, c'est inné ?

Même si mon oncle s'habillait chez Arnys, je pense que l'élégance n'est pas une histoire de famille. Mon père s'habille pour se couvrir, mais il a d'autres passions ! Et *why not ?* Ce qui me gêne, c'est de dépenser pour rien et de s'habiller à 25 ou 40 ans comme un ado. Ouvrez les yeux, vous verrez qu'il y a des choses plus intéressantes que la soupe qu'on vous sert toute l'année ! Le goût s'apprend. Après, il y a des gens plus ou moins doués. Mais arrive un moment où l'on voit la lumière. Premièrement, il faut savoir s'adapter aux circonstances : on ne s'habille pas de la même façon pour aller à la salle de sports et pour inviter une femme. Quand je vais bruncher avec ma famille, je ne porte pas de pochette. Deuxièmement, il faut rester ouvert, ne pas dire « non, je ne porterai jamais ça ». Et puis, n'oubliez pas que l'élégance, c'est avant tout une manière de se tenir. Si j'ai une veste croisée et que je bâille aux corneilles, où est l'élégance ?

Les femmes sont-elles douées pour conseiller leur mari ?

Souvent, elles n'ont aucune connaissance. Elles ignorent la manière dont doit tomber une veste, quelle est la bonne longueur de pantalon… D'ailleurs, je ne trouve pas les Parisiennes particulièrement élégantes. Rares sont celles qui savent se mettre en valeur et réussissent à avoir un style personnel. La majorité sont des suiveuses qui s'habillent dans les enseignes à la mode. Tout cela manque de saveur. Dieu merci, la personnalité les sauve !

Les livres que j'ai lus pour m'instruire sur l'élégance masculine :

- *Dressing The Man* d'Alan Flusser.
- *Style & The Man* d'Alan Flusser.
- *The Suit : a Machiavellian Approach to Men's Style* de Nicholas Antongiovanni.
- *The Handbook of Style* d'Esquire.
- *Le Chic anglais* de James Darwen.

Veste croisée en coton et lin de la marque japonaise Camoshita United. Chemise Mazzarelli, cravate Drake's. Pantalon gris clair Incotex en laine tropicale. Mocassins Crockett & Jones.

PETIT LUXE ET GRANDS EFFETS

CET « ARISTOCRATE DU POIGNET », COMME L'APPELLE LE COLLECTIONNEUR ET LIBRAIRE BERTRAND PIZZIN, EST UN BIJOU EXCLUSIVEMENT MASCULIN, RAFFINÉ ET PARFOIS AUDACIEUX. REMIS AU GOÛT DU JOUR PAR DES AMOUREUX DE L'ÉLÉGANCE, IL CONTINUE D'INSPIRER JOAILLIERS ET CRÉATEURS. AVEC LE RETOUR DU COSTUME CHEZ LES JEUNES, ON LE PORTE AVEC ENCORE PLUS DE PLAISIR.

D'OÙ VIENT LE BOUTON DE MANCHETTE ?

« Avant son utilisation, les hommes préféraient nouer leurs manches avec des rubans, des dentelles ou des ficelles suivant leur milieu social, nous précise Samuel Gassmann, fondateur et créateur de la marque éponyme. Le bouton, lui, est sans doute apparu au XIVe siècle, mais c'est sous Louis XIV qu'il devient un véritable bijou. Et c'est au XIXe, grâce à l'industrialisation et à l'essor des grands magasins, que les boutons de manchette se répandent. »

QUELLE EST SA PÉRIODE DE GLOIRE ?

Jusqu'à l'apparition des chemises à poignets boutonnés. Vers 1970, la fonctionnalité fera peu à peu disparaître cet accessoire.
Au XIXe siècle, le costume pour homme est austère, la seule fantaisie possible est le bouton de manchette. Il va y avoir alors, au gré de l'évolution des techniques dans la joaillerie et des tendances artistiques de chaque époque, une production audacieuse et pleine d'imagination. Dans les années 1920, on s'inspire de l'Art déco, dans les années 1950, les boutons de manchette peuvent devenir promotionnels. Fabergé, Cartier, Tiffany, Van Cleef... toutes les grandes maisons créent des boutons de manchette précieux et luxueux.

Nacre, corail, ivoire, jais, porcelaine, Samuel Gassmann utilise tout ce qui a trait à la culture française.

« L'IVOIRE, PAR EXEMPLE, A ÉTÉ TRÈS UTILISÉ, CAR ON EN AVAIT À FOISON DANS NOS COLONIES. LE COMMERCE DE L'IVOIRE ÉTANT AUJOURD'HUI INTERDIT, JE TRAVAILLE AVEC DES STOCKS ANCIENS. LA NOTION DE TRANSMISSION D'UN SAVOIR-FAIRE EST AU CŒUR DE MES COLLECTIONS. » Samuel Gassmann

Jean H&M.
Sneakers Pierre Hardy.
Sac m0851. Veste
de costume Filippa K.

THIBAUD ETCHEBERRY

STYLISTE ET CRÉATEUR

COCRÉATEUR DE LA MARQUE ISY

Trouvez-vous les Parisiens bien habillés ?

Ça dépend des quartiers. Il y a des quartiers forts comme Saint-Germain, le Marais, le 10e ou le 9e, un peu Mouffetard et, dans un autre genre, le 16e. En général, les hommes s'habillent mieux durant l'entre-saison ou en hiver. Le bermuda un peu long à mi-mollet est LA pièce qui gâche tout, c'est pourtant simple d'avoir un short coupé au-dessus du genou, dans un vieux jean ou un vieux chino. Le mi-mollet, ce n'est pas possible, surtout orné de poches multiples et de lacets. Je déteste aussi les tongs en ville et les Birkenstock, je leur préfère les spartiates en cuir.

« MON PRESSING RÂLE PARCE QUE JE REMONTE MES MANCHES DE VESTE. "C'EST PAS UNE CHEMISE MONSIEUR !" JE NE SUPPORTE PAS LES AVANT-BRAS COUVERTS, MÊME SOUS -10 DEGRÉS ! »

Que déconseillez-vous d'autre ?

Le tee-shirt taille *small* pour un mec baraqué, ça plaît à une couche de population très limitée, et le jean poutre apparente.

> « JE POURRAIS PIOCHER SANS PROBLÈME DANS LE VESTIAIRE DE MON GRAND-PÈRE : DE BEAUX PULLS, DES RIVIERA BEIGES, DE BEAUX GILETS, DE BELLES VESTES. »

C'est quoi le style français ?

De belles matières et une coupe parfaite. Curieusement, il y a peu de marques françaises qui jouent avec nos codes ; l'équivalent d'un Ralph Lauren français, on en trouve dans le haut de gamme mais pas dans le milieu de gamme. Le Français est moins consumériste, il préfère des pièces intemporelles. Je pourrais d'ailleurs piocher sans problème dans le vestiaire de mon grand-père : de beaux pulls, des Riviera beiges, de beaux gilets, de belles vestes. Même si je trouve l'homme français trop en représentation et souvent pressé, dès qu'on fait l'effort d'approfondir la relation, on se rend compte qu'il est sympathique, que son côté bougon est une façade.

À part les fautes de goût vestimentaires, quelles sont les autres fautes qui n'ont pas grâce à vos yeux ?

Les expérimentations capillaires et les couleurs ratées, à la Berlusconi – il faut assumer ses cheveux blancs. Sinon, le manque de courtoisie en général me choque : le garçon de café qui a vu vos signes de SOS et vous fait attendre une demi-heure avant de prendre votre commande ; le client très désagréable avec les vendeurs. En faisant cela, beaucoup de gens pensent s'affirmer, ils montrent juste leur mauvaise éducation. Je déteste aussi les fringues siglées, je suis NO logo. En revanche, j'aime l'étiquette discrète – juste quatre points de couture dans le dos en diagonale – beige de Margiela.

Veste IRO. Sweat Gaspard Yurkievich. Jean Acne. Chaussures Pierre Hardy.

Sweat H&M teint maison façon *tie and die*. Pantalon cuir Thibaud Etcheberry. Montre Barthelay. Bracelet Isy Jewel.

La courtoisie, la galanterie font-elles encore partie de notre identité ?

Bien sûr, et les Françaises y sont habituées, pour elles c'est une évidence, alors que cela surprend toujours les étrangères. Si je tombe amoureux, je fais mon Français à deux cents pour cent : je déniche le restaurant parfait, j'offre des fleurs ou des cadeaux correspondant aux envies de la personne que je veux séduire. Je suis du genre à offrir une belle paire de chaussures, une pièce de créateur ou un bijou quand la relation est bien avancée. J'aime faire des surprises, hors occasion, car je suis peu attaché aux dates, le quotidien est plus important à mes yeux.

Porte-monnaie cuvette Philippe Roucou, porte-documents iPad Yoshida & Co.

Comment trouvez-vous le rapport amoureux dans le pays de « l'amour courtois » ?

Les gens de ma génération souffrent de ce que j'appelle le syndrome Disney, ils cherchent tous l'homme parfait ou la femme idéale, à l'image des princes et des princesses des contes de notre enfance. C'est une façon infantile d'envisager la relation amoureuse, dans laquelle on se refuse à la confrontation. Le moindre problème mène à la rupture, car aucun couple ne se construit sur un bonheur sans vagues. C'est la confrontation qui est constructive, l'échec fait rebondir, comme dans la vie professionnelle. Aujourd'hui, on se sépare sans résoudre le conflit, donc on le reproduit sans cesse sans apprendre ni progresser. On fait croire aux gens qu'un couple doit être parfait. Dans un couple, on doit donner avant de recevoir et ne pas tout attendre de l'autre. Il faut admettre de connaître des hauts et des bas, et accepter les travers et les choix de l'autre.
À mon sens, la pire goujaterie vis-à-vis d'une femme est de lui demander de renoncer à ses ambitions professionnelles pour le couple et les enfants.

Y a-t-il de bonnes ruptures ?

Non, il n'y en a pas, la plus acceptable étant de ne pas laisser la situation pourrir. Les femmes sont souvent plus courageuses et prennent les devants, ce qui arrange bien les hommes.

ET PARCE QU'ON NE PEUT PAS PASSER SA VIE EN BASKETS...

COMMENT DISTINGUER UN BEAU SOULIER D'UNE VULGAIRE CHAUSSURE ? COMMENT FAIRE LA DIFFÉRENCE ENTRE UN VENDEUR DE CHAUSSURES ET UN « CHAUSSEUR » ? DES SOULIERS MAL CHOISIS PEUVENT ANÉANTIR VOS EFFORTS POUR ÊTRE ÉLÉGANT, ALORS QUE LA BONNE PAIRE, PORTÉE À BON ESCIENT, SIGNE VOTRE ALLURE. MIEUX VAUT PRIVILÉGIER LA QUALITÉ À LA QUANTITÉ.

Pour Dimitri Gomez, bottier de profession qui officie chez Crockett & Jones, c'est un soulier bien proportionné, dont la ligne doit être élégante comme pour une belle voiture ou une sculpture : « De nos jours, la plupart des chaussures vendues ne sont plus conçues par des chausseurs mais par des fabricants, et cela se voit, insiste le spécialiste. Elles sont dessinées par des modélistes qui ignorent la complexité de la morphologie du pied, alors qu'un bottier traditionnel comme je le suis sculpte d'abord une forme en se référant à la morphologie du client et aux goûts de ce dernier. C'est la phase la plus importante, car il faut imaginer le soulier fini. »

Ce Richelieu en veau Crockett & Jones, à bout golf fantaisie patiné par le temps, est une chaussure très polyvalente.

Chaussures
Corthay.

Des souliers Marc Guyot tatoués par Hom NGuyen.

PATINES, GLAÇAGES ET LES TATOUAGES DE HOM NGUYEN

Devenue très tendance, la patine permet de personnaliser ses souliers, voire d'en faire de véritables œuvres d'art. Hom NGuyen, le plus connu et le plus singulier des « patineurs », a vraiment révolutionné le petit monde du soulier par ses créations uniques, décalées et extrêmement minutieuses. C'est au Japon qu'il apprend l'art du tatouage. De retour à Paris, il s'entraîne sur des pommes et des morceaux de viande avant de se lancer sur de beaux souliers ! Son talent s'exerce aussi bien sur les sacs à main des grandes maisons, que sur les stilettos ou sur les souliers confectionnés par de célèbres bottiers. Depuis quelques mois, il se consacre à la peinture, au grand dam des maroquiniers de renom qui avaient trouvé en lui le seul capable de réaliser certaines commandes hors norme d'une clientèle exigeante.
Le glaçage est lui aussi devenu incontournable. Il demande un vrai coup de main : grâce à un subtil mélange d'eau et de cirage, ainsi qu'à une bonne dose d'huile de coude, on obtient cet effet miroir digne d'un « milord ».

Richelieu Marc Guyot. « J'en ai glacé le bout, afin de donner plus de relief à ce soulier qui n'en manque déjà pas ! Un bon glaçage résulte d'un parfait dosage d'eau et de cirage. » Virgile Mercier

« Ce mocassin Crockett & Jones, en antilope vert olive, avec un lac pincé et des pampilles, est une chaussure assez sport, élégante et très actuelle. » Dimitri Gomez

Derby en crocodile Crockett & Jones à deux œillets.

SUR-MESURE ET PRÊT-À-CHAUSSER

Le sur-mesure donne davantage de possibilités esthétiques et il garantit généralement un meilleur confort que le prêt-à-chausser, a fortiori quand on a un pied particulier. Le bottier va sélectionner les meilleures matières possibles et le soulier sera entièrement monté à la main, comme on faisait dans le temps. « On utilise une peau entière pour faire une paire de souliers, la meilleure partie de la peau, celle qu'on appelle "la culée" étant réservée à la confection proprement dite, et les chutes servent à la paire destinée aux essayages, explique Dimitri Gomez. En prêt-à-porter, un bon chausseur va aussi utiliser des beaux cuirs pleine fleur, mais ils sont de moins en moins nombreux à le faire. Dans le bas de gamme, la plupart utilisent de la croûte de cuir ou, pire, du cuir recomposé. »

NOTRE CONSEIL : OFFREZ DE TEMPS EN TEMPS À VOS SOULIERS UN SOIN SUR MESURE CHEZ UN CIREUR.

LA PREMIÈRE PAIRE À ACHETER POUR COMMENCER UNE COLLECTION ?

Des Richelieu à bouts droits, simples et noires, qui iront avec presque tout ! Surtout, bien les bichonner et elles se conserveront des années.

CONSEILS D'ENTRETIEN

Pour éviter de trop les user, il ne faut pas porter les souliers tous les jours, car l'acidité de la transpiration va, à terme, brûler le cuir. Quand on les enlève, il faut les laisser s'aérer une bonne heure, puis on les habille d'un embauchoir en bois. Si les semelles sont détrempées par la pluie, on pose les souliers sur le chant pour qu'elles sèchent, et ce n'est qu'après séchage complet qu'on pourra les entretenir. Commencer toujours par un rénovateur à l'huile de vison, puis passer un cirage (le meilleur cirage : le Saphir médaille d'or), qui va les imperméabiliser et les faire briller.

Un petit conseil pour obtenir un beau brillant : utiliser un bas nylon rempli de chiffons. De temps en temps, on peut passer un peu d'essence de térébenthine pour vraiment bien les nettoyer, ça dissout la cire d'abeille, puis utiliser un cirage de la couleur du soulier. Afin d'améliorer l'adhérence et la résistance de la semelle, on peut faire poser un patin de protection en gomme – très utile si on fait beaucoup de scooter. En revanche, on ne le posera jamais sur une chaussure neuve, car la semelle resterait rigide et inconfortable.

CONSEILS MENSWEAR

- **Le veau velours, plutôt sport, se porte la journée.**
- **Le veau velours noir, on aime « moyen » !**
- **Mieux vaut ne pas porter de mocassins avec un costume habillé.**
- **Le soir, mettre des chaussures sans perforations, si on ne veut pas mettre de souliers vernis.**
- **Un *full brogue* est un soulier sport, et un Richelieu à empeigne lisse est un soulier habillé.**

C'EST FACILE À RETENIR

- Moins il y a de perforations, plus c'est une chaussure habillée.
- Plus la chaussure est claire, plus elle est sport.
- Plus elle est sombre, plus elle est habillée, à condition que le modèle soit de circonstance.
- Un mocassin noir est toujours moins habillé qu'un Richelieu marron foncé.
- Le débordant fait normalement 5 mm pour laisser la place de coudre la semelle. Plus large, ça s'appelle des *platform shoes* et ce n'est plus du tout à la mode depuis Freddie Mercury.
- Les souliers sans débordant et à semelle fine sont plutôt pour le soir, ils affinent le pied et sont très prisés en Italie.
- Les Italiens aiment les chaussures et les voitures effilées et racées.
- Les Anglais aiment les chaussures et les voitures solides et confortables.

Gerhard Richter Panorama
LABYRINTHE
PETER BEARD
PETER BEARD

LOUIS GÉRAUD CASTOR

COURTIER EN OBJETS D'ART DU XXe SIÈCLE

Que veut dire aujourd'hui être un homme français ?

L'homme français peut être affable, braillard, gouailleur, arrogant, bruyant, rustre, mais il peut aussi être distingué et élégant. Le Français a une prétention naturelle qui vient de son histoire et de sa culture, il ne fait pas beaucoup d'efforts. Il lui est difficile d'imaginer qu'on ne le comprend pas à l'étranger, alors que le français fut la langue de l'aristocratie européenne et seule langue de la diplomatie mondiale jusqu'au traité de Versailles en 1919. Les Français ne s'en sont pas remis ! Notre rayonnement a été immense grâce à nos philosophes, nos peintres, nos rois, nos diplomates. Nous serons toujours une exception culturelle, mais la France ne sera plus jamais une suprématie.
Dans les pays nordiques, les gens parlent forcément anglais, alors que nous avons du mal à nous y mettre, que notre accent est fort, et nous acceptons mal de ne pas être compris.

« LE FRANÇAIS A UNE PRÉTENTION NATURELLE QUI VIENT DE SON HISTOIRE ET DE SA CULTURE, IL NE FAIT PAS BEAUCOUP D'EFFORTS. »

Costume Melinda Gloss. Chemise col inversé Dior Homme. Mocassins couleur prune de chez l'Atelier Cattelan.

Que représente la France pour les étrangers ?

Je pense que nous exerçons sur eux une sorte d'attraction ; nous sommes exotiques parce que nous appartenons à un monde rempli d'images d'Épinal. À l'époque du Bœuf sur le toit entre les deux guerres, l'intelligentsia et les grands artistes qui ont créé la modernité se trouvaient réunis à Paris. C'était l'endroit où il fallait être, qu'on soit français ou pas ! Picasso, Hemingway, Fitzgerald, Gertrude Stein, Eileen Gray, Erik Satie… les intellectuels et les artistes du monde entier passaient par Paris.

Aujourd'hui, les mêmes vivraient à Londres. Il y avait du courant, de la vie, il y avait un romantisme pour les étrangers. Paris était le passage obligé pour tout Américain bien né, venu parfaire son éducation : Anna Gould, riche héritière américaine, y séjourne et comme beaucoup de ses compatriotes fortunés, elle y trouve un mari désargenté mais appartenant à l'aristocratie, Boni de Castellane. On vit encore sur cet héritage. Paris reste une fête, même si Paris est devenue triste. Le rayonnement culturel ne peut pas s'éteindre.

On a beaucoup perdu de notre hospitalité aussi, le Parisien est devenu agressif alors que les New-Yorkais sont adorables. Il y a un manque de patience, on court un peu dans tous les sens. Pour les étrangers qui viennent à Paris, on est trop désagréables, on n'a jamais le temps, or on devrait un tant soit peu être disponibles pour ceux qui visitent notre ville, avoir le temps de leur indiquer le chemin, de leur parler. On est rivés à notre smartphone et on ne fait plus attention aux autres.

Comment s'est façonné votre style vestimentaire ?

Une part d'héritage classique vient de mon père, il est commissaire-priseur et toujours très élégant. J'ai appris auprès de lui. Il achetait ses caleçons chez Charvet, en popeline de coton d'Égypte, ses souliers chez Aubercy. Il portait des cravates Hermès dont j'ai encore le bruissement de la soie à l'oreille, faisait faire ses costumes chez Arnys, utilisait Habit Rouge comme eau de toilette. Il m'a inculqué des codes classiques que je suis encore. Et comme lui, j'adore les mocassins, que je collectionne.

« PARIS RESTE UNE FÊTE, MÊME SI PARIS EST DEVENUE TRISTE. LE RAYONNEMENT CULTUREL NE PEUT PAS S'ÉTEINDRE. »

Sac Boeing et porte-cartes Goyard première édition pour Colette.

« Ma collection de mocassins Jailast YSL. Je les garde,
même ceux qui sont complètement usés, pour les jours de pluie. »

Chemise col inversé
Dior Homme.

Montre arceau Hermès (bracelet en croco bleu jean délavé sur mesure de l'Atelier du bracelet parisien, place du Marché-Saint-Honoré – le top !). Boutons de manchette (offerts par mon ami Willy) signés Calder.

Quelle est votre définition de l'élégance ?

L'essence de l'élégance, c'est de s'acheter des choses qui vont durer et rester belles en se patinant. L'homme élégant suit peu la mode et il va à « destination », c'est-à-dire vers la qualité. « Le rare n'est pas ce que tout le monde achète, c'est ce que beaucoup ignorent. » (Nicolas Landau). L'élégant a ses propres références, qui ne sont pas celles du marketing. Il n'est pas un consommateur compulsif. Je me suis acheté pour mes 30 ans un sac Goyard, je l'ai depuis sept ans, je l'emmène partout et, peu à peu, il se patine, mais reste toujours aussi beau. L'élégance, c'est aussi respecter l'artisanat et le savoir-faire derrière un produit. Dans un autre domaine, je dirais que la ponctualité est une élégance.

Et, par conséquent, que trouvez-vous inélégant ?

Aujourd'hui, la première question que les gens posent est : « Combien cela vaut-il ? » C'est devenu le repère. Est beau ce qui a une valeur marchande ! On vit dans un monde où la culture et l'art sont devenus des biens commerciaux comme les autres. La mondialisation est formidable, car elle permet un accès à la culture qui est incroyable, mais il n'y a aucun mode d'emploi. Donc il y a des dérives. Il existe un problème de déficit culturel chez toute une génération, faute d'apprentissage. À l'école, on balaie des périodes de l'histoire de France, on survole des pans de notre littérature. On profite des jours fériés sans savoir à quoi cela correspond. Or la culture est importante, elle nous rattache à une histoire commune. Nous avons besoin de repères, car nous sommes pris dans une évolution technologique à marche forcée ; on transmet vite mais mal. Prenons le tweet, c'est une intrusion du privé dans la vie publique : on étale, on expose. La retenue et la pudeur ne font plus partie de l'éducation.

LE PLUS BEAU DU QUARTIER

SELON NOS ARCHÉTYPES ANCESTRAUX, LA FEMME INCARNE LE « BEAU SEXE », ET L'HOMME « LE SEXE FORT ». À NOUS, LE DROIT D'USER D'ARTIFICES. À VOUS, LE DEVOIR DE PRENDRE SOIN DE VOS MUSCLES ET DE CULTIVER LE NATUREL. CRO-MAGNON N'EST PLUS. LE MÂLE A COMPRIS QU'UN APRÈS-SHAMPOING QUI SENT BON NE NUIRA PAS À SA VIRILITÉ.

Lorsqu'il y a vingt-trois ans, Marc Delacre lance son luxueux espace de coiffure et de soins esthétiques dédiés aux hommes, on rigole : « Parle, beau merle ! » Aujourd'hui, on félicite ce précurseur de la beauté masculine qui, depuis, a vu défiler tous les politiques et businessmen en vue. « D'un côté, les femmes nous ont amenés à évoluer, de l'autre, le regard sociétal a changé, souligne-t-il. Prendre soin de soi n'est plus assimilé à un narcissisme douteux ou à la culture gay. On a du mal à trouver du travail, on en change plusieurs fois, on se remarie, on vit plus longtemps... Dans une société de plus en plus exigeante, dans un monde basé sur l'image, entretenir une belle apparence et un corps énergique permet de rester dans la course. »

Faire masser des épaules nouées, tonifier sa peau, épiler un dos velu, se mettre de l'après-soleil... « Prendre soin de soi est une forme de thérapie, c'est signifier l'estime que l'on se porte », ajoute Marc Delacre. Sans oublier le bénéfice plaisir : plus on vieillit, plus il faut faire attention à soi, ne serait-ce que pour plaire à sa (nouvelle) compagne, à ses enfants et plus tard, à ses petits-enfants. On vous le dit, c'est plus agréable d'embrasser un homme qui a la peau douce.

Chez Alain, maître barbier à Paris.

QU'EST-CE QU'ELLE A MA GUEULE ?

Selon l'observatoire Nivea, en 1990, seuls 4 % d'entre vous déclaraient utiliser un soin du visage. Vu l'explosion du marché de la beauté masculine – il a doublé en deux ans – en 2015, vous devriez être un sur deux à vous offrir une crème. Vous restez pourtant discrets sur le sujet : même si les mentalités ont évolué, vous êtes moins gênés de dire que vous faites de la muscu que d'avouer utiliser des cosmétiques. Et puis, vous n'êtes pas pour autant prêts à gober n'importe quelle cure anti-âge. « Les hommes viennent de découvrir qu'ils ont une peau, mais ils sont plus exigeants et pragmatiques que les femmes, précise Marc Delacre. Ils veulent une efficacité immédiate. » Du coup, les produits pour hommes – dont les incontournables « gommeurs de fatigue » – sont de véritables cocktails high-tech. Votre peau fabriquant plus de sébum, vous ne pourriez pas supporter nos crèmes trop grasses pour vous, vous préférez vos gels-crèmes qui pénètrent vite sans laisser de trace.

DERNIÈRE TENDANCE DU MOMENT, LES PRODUITS DÉPILATOIRES

Par souci esthétique (un excès de pilosité peut complexer) ou pour des raisons hygiéniques, vous avez envie d'un corps lisse : les muscles et les tatouages de Beckham se verraient moins sous les poils ! Le modèle de virilité du XXIe siècle n'est plus l'homme poilu, bourru et macho des années 1960 mais un mâle sympathique, un poil enfantin, à l'image d'un Jude Law ou d'un Leonardo DiCaprio. S'il vous plaît, ne coupez pas tout !

JAMAIS SANS...

C'est bien de se gommer visage et corps sous la douche une fois par semaine et d'appliquer chaque jour une crème hydratante, mais n'oubliez pas de vous crémer les mains et les pieds : des mains rugueuses pleines de petites peaux mortes et des pieds aux talons et orteils tout secs et fendillés, c'est vilain et anti-sexy. Offrez-vous au moins une manucure-pédicure avant l'été ! Vous risquez d'adorer.

ET MES CHEVEUX, TU LES AIMES MES CHEVEUX ?

Il y a deux types d'hommes : ceux qui ont encore leurs cheveux et ceux qui les comptent. Et une fois qu'on a été viré du très sélect club des « chevelus », il est quasi impossible d'en ravoir la carte ! Deux solutions, porter un bonnet été comme hiver ou assumer cette calvitie qui peut aussi être très virile. N'est-ce pas Bruce (Willis), un de nos chauves préférés ?

Avant de vous inquiéter pour votre chevelure, prenez-en soin !
Oui, vous pouvez laver vos cheveux tous les jours avec un shampoing doux.
Ils sont secs ? Lavez-les juste avec votre après-shampoing sans silicone.
Ils graissent ? Utilisez un shampoing non agressif et offrez-leur de temps en temps un masque ou un soin en institut.
Ils sont très frisés ? Levez le pied sur les shampoings et crémez-les régulièrement. Bien hydratées, les boucles n'en seront que plus belles.
Vous pouvez utiliser des crèmes hydratantes, type Nivea, Biafine, etc.
Et n'oubliez pas que le stress est l'ennemi juré de votre chevelure.
Keep cool !

VOUS COMMENCEZ À PERDRE VOS CHEVEUX ?

Vous aurez compris que l'effet « Chaussée aux Moines » n'est pas souhaité ! « Surtout, n'essayez pas de cacher la misère avec les pauvres cheveux qui vous restent », insiste Olivier Limbourg, créateur du salon Edge, lui-même chauve et néanmoins séduisant. Il déconseille le long derrière et la boule à zéro devant, ainsi que les longues mèches de rattrapage qui s'envolent au moindre coup de vent. « Assumez et rasez ou alors optez pour une coupe ultra-courte. »
À la Zinédine Zidane ? Oui, nous on aime, on ne verra que vos yeux et votre sourire. Sans minimiser ce qui peut vous complexer, même sans un cheveu sur le caillou, on peut être élégant et sexy.
Attention ! L'été, protégez votre crâne, dont la peau est fine et fragile, avec un chapeau, une casquette ou une crème solaire.

VOS CHEVEUX BLANCHISSENT ?

Allez-y mollo avec les teintures ! Terrain miné avec gros risque de ressembler à Berlusconi ou au couturier Valentino. Premier conseil : évitez les noirs corbeaux, ça vieillit et charbonne, et bannissez les acajou et les marron. Ce qui est possible et acceptable pour une femme ne l'est pas pour un homme, précise Olivier Limbourg : « Pour une femme, on peut comparer la teinture avec de la peinture, alors qu'on préférera une "lasure" pour un homme. Il faut que ce soit naturel, laisser des cheveux blancs en transparence et éviter l'effet casque. » Quand on est jeune, on peut s'amuser avec des couleurs, platine ou autre, mais... « ça fait vite footballeur », dixit notre coiffeur. Son conseil : si vous optez pour du peroxydé, choisissez des tons froids et évitez les jaunes.

JA-MAIS :

- Les catogans ! On aime les beaux cheveux longs, pas les queues de rat !
- Les brushings à la Valentino (encore lui !) et le cheveu lisse effet patinoire à la Valentino (cette fois, c'est Rudoph !).
- Le cheveu gras de gel. Si vous utilisez des wax, essayez de garder un effet « décoiffé naturel », genre Édouard Baer.

FAIS-TOI LA MOUSTACHE !

Qu'ont en commun Patrick Dewaere, Rhett Butler, Johnny Depp et Georges Duroy, le héros de *Bel-Ami ?* De séduisantes moustaches, qui chatouillent la peau des femmes. Après des années de peaux adolescentes, les hommes affichent leur virilité : la moustache et la barbe font un come-back remarqué. Plus besoin de siéger à gauche de la chambre des députés pour en arborer une, on peut être barbu sans partager les idées du Che Guevara ou de Karl Marx. Fini l'époque où comédiens, sapeurs, marins et moines étaient interdits de poils sur le visage. « Les charmeuses » sont de retour, et si vous ne souhaitez pas ressembler à Astérix, confiez votre visage à un professionnel pour votre première tentative !

> « NE TE LAISSE JAMAIS EMBRASSER PAR UN HOMME SANS MOUSTACHES ; SES BAISERS N'ONT AUCUN GOÛT, AUCUN, AUCUN ! »

Guy de Maupassant, *Boule de suif* (1880).

SPÉCIAL MOTARD

Nettoyez régulièrement votre casque avec du shampoing sec et un bon aspirateur. Si vous vous protégez la tête avec un bas (on sait, vous les préférez sur les jambes des artistes burlesques), un bonnet fin ou un foulard, vos cheveux se saliront moins vite.

LES CONSEILS D'ALAIN, MAÎTRE BARBIER

ON SE RASE TOUJOURS LE MATIN À JEUN APRÈS SA DOUCHE ; le fait de mastiquer irrigue le visage et provoque irritations et saignements supplémentaires. On utilise un blaireau avec un savon à barbe ou une crème de rasage. Après le rasage, pour éviter les micro-saignements, on se passe de la pierre d'alun naturelle.
Ensuite, **ON UTILISE UNE CRÈME HYDRATANTE** et on applique une serviette chaude pour bien la faire pénétrer. Inutile de l'appliquer avant le rasage, comme on le voit dans certains films américains, d'autant plus que c'est toujours le moment choisi par le gangster pour vous trancher la gorge ! Jamais d'alcool après le rasage, ça dessèche trop la peau.
ON ÉVITE LE RASOIR ÉLECTRIQUE, c'est moche et ça rase mal, car entre le couteau et la peau il y a une grille qui, même si elle est fine, sera toujours un obstacle à un rasage parfait.
POUR ENTRETENIR BARBE ET MOUSTACHES, on utilise un peigne à barbe, une brosse et des petits ciseaux, qui égaliseront et éradiqueront les poils rebelles.
Entre deux rendez-vous chez le barbier, **ON LAVE SA BARBE** avec un shampoing doux et, afin que le poil reste soyeux, on utilise un après-shampoing.
CHEZ LE BARBIER, on n'oublie pas de se faire ôter les poils disgracieux, « la quarantaine envahissante », du nez, des oreilles et des sourcils.

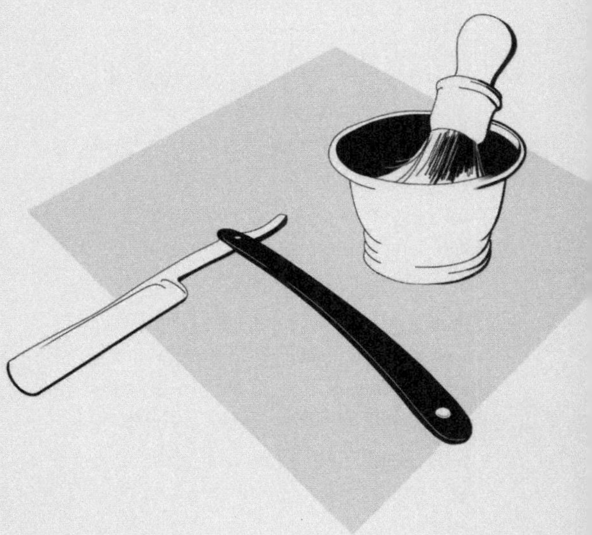

Ce qu'on n'aime pas : quand la barbe s'arrête net sur le cou. On préfère qu'elle suive la courbe naturelle du V inversé sous le menton qui délimite les maxillaires, la mâchoire paraît ainsi plus carrée.

METS-TOI AU PARFUM

C'EST L'ACCESSOIRE LE PLUS INTIME, CELUI QUI RAVIVE DES SOUVENIRS. PORTER UN PARFUM, C'EST DIRE QUI L'ON EST. POUR CHOISIR CE COMPAGNON, N'ÉCOUTEZ PAS LES AUTRES, NI LA PUB, MAIS SUIVEZ VOTRE RESSENTI.

Le parfumeur Frédéric Malle nous met en garde contre les lois du marketing où nous sommes classés en archétypes, comme au cinéma : « Depuis des générations, certains types d'acteurs jouent les mêmes rôles, le jeune premier, l'aventurier, le héros romantique… Pour les parfums, c'est la même chose : l'élégant coiffé comme un milord ne portera pas la même odeur que l'aventurier intrépide. C'est la pub et l'image qui nous ont obligés à choisir un camp, homme ou femme. Dans les parfums d'homme, le spectre est plus réduit : cuir, boisé, oriental ou agrume. Mais l'agrume, par exemple, n'est pas sexué, c'est une senteur qui va de 7 à 77 ans ; c'est l'Eau d'Hadrien ou l'Eau d'Orange Verte et, à l'autre extrême, Shalimar de Guerlain, une essence pour femme. Pourtant, un homme qui porterait ce parfum ne serait pas choquant, juste très charnel. Il y a des entre-deux, comme les vétivers, par exemple, ou des parfums comme Eau Sauvage de Dior, créé par Edmond Roudnitska en 1966, qui est un fantastique compromis entre fraîcheur et profondeur virile. C'est un parfum frais, un peu androgyne et innocent au départ, mais derrière la bergamote, il y a un effet cuir, qui laisse apparaître une sensualité légèrement animale. C'est un parfum qui fait le grand écart, ce qui est rare. C'est l'un des parfums de ma vie, je l'ai porté jusqu'à mes 15 ans. »

OFFRIR UN PARFUM À LA PERSONNE AIMÉE

Pour Frédéric Malle, il faut être attentif à ce qu'elle est, la faute de goût ultime étant d'offrir pour se faire plaisir. « C'est un langage, un message que l'on envoie et c'est assez "casse-gueule" d'offrir un parfum, car c'est dire à l'autre : je te vois comme ça. » C'est aussi dévoiler la façon dont on fantasme l'autre. Cela peut être le révélateur d'un malentendu. On n'offre pas un parfum capiteux à la Sainte Vierge ! Cela se passe sur le territoire du ressenti, mais l'incompréhension provoquée par un choix inadapté est souvent l'indice d'un désaccord plus profond. C'est très intime d'offrir un parfum, c'est l'idée de deux peaux l'une contre l'autre qui rend le parfum sensuel.

Veste Victoire Homme.

« PARFOIS, ON TROUVE UN VIEUX FLACON QUI SE SOUVIENT D'OÙ JAILLIT TOUTE VIVE UNE ÂME QUI REVIENT. »

Baudelaire

ROMAIN BIETTE
ÉTUDIANT EN DROIT

Depuis quand faites-vous attention à votre style ?

J'ai commencé à m'intéresser aux vêtements à 15 ans mais j'étais plus ridicule qu'autre chose. Parce que je ne voulais que des vêtements de marque (Diesel, G Star, etc.), un pur produit du 16e. C'est le cinéma et des acteurs comme Steve McQueen, Paul Newman, Redford, découverts vers 17 ans, qui m'ont inspiré, puis j'ai trouvé des blogs sur lesquels j'ai testé les bonnes adresses. Les blogs, comme celui des Frères JO', m'ont donné un mode d'emploi. Le premier, « Parisian Gentleman », m'a initié, même si avant ce blog, je m'intéressais à l'allure et au style, « PG » m'a appris à savoir porter. Il m'a donné accès à un groupe de gens qui partageaient cette passion et à des codes que je ne connaissais pas. *Mad Men* et *Boardwalk Empire* m'ont inspiré aussi. J'ai eu cette nostalgie de ces hommes élégants des années 1920 ou 1960, mais *Midnight in Paris* de Woody Allen m'a révélé qu'il fallait vivre son époque. Le premier livre qui m'a initié est *L'Éternel Masculin* de Bernhard Roetzel (éditions Könemann) : il était chez moi depuis vingt ans, je suis tombé dessus par hasard ; ce livre est une référence. Je suis passé du produit kleenex au vêtement dans lequel j'investis.

« ON EST TOUTE UNE GÉNÉRATION À AVOIR DÉCOUVERT DES PHOTOS D'HOMMES HYPER-ÉLÉGANTS SUR DES BLOGS DOCUMENTÉS. »

Costume fait à Shanghai au Fabric Market. Chaussures Markowski. Cravate Dior achetée 1 euro dans un vide-grenier.

Avez-vous des pièces fétiches ?

Oui, mes mocassins à glands Markowski, ma veste en tweed, mes Clarks. J'aime aussi le vintage parce que ça a vécu, les vêtements ont une histoire et c'est souvent moins cher. J'affectionne particulièrement ma cravate Dior que j'ai payée 1 euro dans un vide-grenier. Comme les beaux souliers sont chers, je porte surtout des baskets, mais quand j'en ai les moyens, j'investis dans de belles paires et j'en prends soin. Celle de mes rêves : John Lobb et Crockett & Jones.

Beaucoup de jeunes gens se passionnent comme vous pour l'esprit sartorial.

On est toute une génération à avoir découvert des photos d'hommes hyper-élégants sur des blogs documentés et pointus. Nous sommes dans une époque où nous avons perdu beaucoup de repères, il y a un laisser-aller vestimentaire, et la redécouverte d'hommes élégants des décennies précédentes a été déterminante. Ma génération est hyper-réceptive à l'image. Ces images de types très stylés se sont diffusées à toute vitesse. Beaucoup de gens n'ont eu accès à cette culture que par Internet ; un livre, il faut le rechercher, le connaître, et il n'y a pas de stand élégance à la Fnac ! Sur Internet, tout est accessible. Mais je n'en suis pas au point d'aller sur des forums pour parler d'un tweed ou d'un soulier pendant des heures.

« Mes chapeaux achetés sur des marchés sur mes lieux de vacances. »

Le costume est-il facile à porter ?

Aujourd'hui encore, on ne porte pas le costume n'importe où : il est lié à un uniforme de travail et les hommes le portent comme tel, sans effort de style ou d'élégance. Ils mettent par-dessus un manteau qui n'a rien à voir. Le manteau, pour la plupart des gens, est un vêtement utilitaire comme une doudoune ou une parka, or c'est une pièce importante d'une garde-robe. Un costume peut être affreux, il faut faire un minimum d'effort pour qu'il soit beau. L'autre facette tristissime du costume, c'est la ruée de certaines marques sur ce nouveau filon, plaqué sur les coupes des années 1960, créé de toutes pièces avec une forte promo. C'est une des raisons aussi qui fait que je m'achète certains costumes vintage, quitte à les faire retoucher à mes mesures : j'aime leur côté authentique.

Veste militaire achetée en friperie.

Fayard
JC Lattès
SEUIL

REGARDE-MOI DANS LES YEUX

AVEZ-VOUS REMARQUÉ COMBIEN ON NÉGLIGE LE CHOIX DES LUNETTES ? COMME L'AMPOULE NUE DE L'ENTRÉE DONT ON CHERCHE TOUJOURS L'ABAT-JOUR, ON FINIT PAR OUBLIER CE QUI SE VOIT POURTANT COMME LE NEZ AU MILIEU DE LA FIGURE !

Pour Valérie Roche-Carlotti, fondatrice de la boutique Eyespleasure, peu d'hommes réussissent à choisir des lunettes qui conviennent à leur personnalité, à leur visage et à leur allure : « Pour eux qui portent moins de bijoux et ne se maquillent pas, c'est pourtant l'accessoire du lien. Elles définissent la distance qu'on met à l'autre : lunettes gentilles ou lunettes qui en imposent ? »
Ce n'est pas pour rien si les hommes politiques actuels choisissent en majorité des lunettes percées « transparentes », moins impliquantes. Rappelons qu'il y a encore trente ans, le monde politique, culturel et économique (Roosevelt, Chirac, Onassis, Giscard d'Estaing) se faisait faire des lunettes sur mesure en écaille alors que le grand public achetait les « lunettes de la Sécu » ou les modèles en métal doré ou argenté qui se ressemblaient tous. C'est en 1978 qu'Alain Mikli, en inventant le concept de designer de lunettes, nous donne envie de changer de tête ! Très vite, les marques de mode comprennent l'intérêt d'apposer leur logo sur des montures.
Le marché explose et les hommes, surtout les jeunes générations et les businessmen, commencent à les vivre comme des accessoires de mode, n'hésitent plus à les changer régulièrement et s'orientent même vers des modèles engagés.
« Ils sont plus soucieux de l'image qu'ils vont projeter et, au moment du choix, ils ont tendance à donner plus de directives liées à leur travail, nous fait remarquer Valérie Roche-Carlotti. En revanche, l'objet en tant que tel, avec ses matériaux et ses détails, les passionne. »

Swann Joachim du blog « Les Frères JO' » porte une veste Gant Rugger, une chemise Ralph Lauren, des lunettes de soleil Moscot et une pochette Drake's London.

Lunettes Persol.

RÈGLES DE BASE

✖ Une bonne monture, c'est comme un nouveau départ ! Trouvez un très bon opticien : le métier a changé, l'offre est incroyable, mais la majorité n'a pas reçu de formation de conseil. Fuyez les marchands de logos au kilomètre ! Et laissez-vous comprendre.

✖ Ne vous fiez pas aux règles morphologiques simplistes (exemple : visage carré = lunettes ovales).
Un bon pro tiendra compte de la taille de votre nez, de l'implantation de vos cheveux, de la ligne de vos sourcils, de la forme de votre mâchoire, de votre style, de votre âge… N'oubliez pas de vous regarder en pied.

✖ Les hommes ont un visage dynamique : choisissez des montures qui épousent légèrement le galbe du visage, pas complètement plates, donc. Et soyez attentif au choix des branches : avec des cheveux courts ou rares, les lunettes se voient davantage en 3D !

✖ Le sourcil ne doit jamais être à l'intérieur du verre, c'est clownesque ! Cette règle ne vaut pas pour les lunettes de soleil.

✖ L'œil doit se positionner aux deux tiers de la hauteur du verre, c'est-à-dire se placer dans la moitié supérieure du verre. C'est préférable pour le champ visuel et, si l'œil est trop haut, le regard paraît « coupé ». Par ailleurs, l'œil doit être centré par rapport au verre ou se placer légèrement à l'intérieur. Sinon, vous paraissez loucher.

✖ Les hommes ont tendance à choisir des lunettes trop larges : regardez-vous de face, de trois quarts et de profil. Vérifiez la position des branches : elles ne doivent ni être trop éloignées des tempes ni les toucher pour ne pas les cisailler.

QUE PEUT-ON ATTENDRE DES LUNETTES ?

Pour avoir un œil de lynx, on peut porter des lentilles, opter pour une chirurgie ophtalmologique ou choisir des verres correcteurs performants anti-UV, anti-rayures et anti-reflets (important pour limiter les reflets parasites quand on travaille sur écran). L'option lunettes permet aussi de donner du style. « À partir d'un certain âge, tous les hommes devraient porter des lunettes, conseille Valérie Roche-Carlotti. Elles apportent d'emblée de la séduction et de l'élégance. En plus, les hommes ne peuvent pas tricher avec le maquillage : des lunettes bien choisies apportent de la lumière, font ressortir la couleur des yeux, cachent les cernes et les poches, remontent les traits, modifient le port de tête... Elles donnent de la présence et du dynamisme au visage et peuvent l'adoucir. »

LES LUNETTES « INVISIBLES », C'EST UNE BONNE IDÉE ?

Cela n'existe pas ! On voit toujours la forme du verre, qui d'ailleurs peut être trop présent ou mal choisi. En plus, si le peu de matière présente n'est pas subtil (pont grossier et trop brillant, plaquettes et attaches lourdes), on ne voit que ça ! Mieux vaut parfois oser aller vers des modèles affirmés. Mais ceux-ci, revenus à la mode ces dernières années, ne conviennent pas non plus à tout le monde.

OUVREZ LES YEUX !

À cause des écrans et de la vie citadine, l'œil en permanence en vision de près, perd la vision périphérique et se « myopise ».

✖ Accordez-vous des pauses : faites des cercles avec vos yeux dans un sens puis dans l'autre, doucement en respirant (pas dans le bus ni en brainstorming, vous auriez l'air d'un fou).

✖ Pensez à cligner des yeux pour pomper des larmes et humidifier vos yeux.

✖ Toutes les heures, allez chercher un point lointain et restez-y 15 secondes.

✖ Frottez vos mains pour les chauffer, formez des coques contre vos paupières et appuyez les paumes comme des ventouses. Respirez en gonflant le ventre et en visualisant des images positives. On vous aide ?

Si vous choisissez des montures en plastique, pour plus de confort et d'esthétique, veillez à ce qu'elles épousent toute la surface du nez. Les métalliques s'ajustent davantage grâce aux plaquettes.

Veste Comme des Garçons.
Tee-shirt American Apparel.
Pantalon Yves Saint Laurent.
Chaussures Tom Ford.

PASCAL GREGGORY

COMÉDIEN

Pour vous, les Français sont-ils des hommes élégants ?

Nous sommes une vieille société, donc nous avons de bonnes bases. Les Italiens, les Siciliens surtout, sont d'une élégance extrême. À l'opposé, les Australiens, même en étant très beaux, sont le peuple le moins élégant. Quand je me promène dans Paris, surtout en période estivale, je trouve que l'élégance se perd. Le tourisme et les loisirs tuent l'élégance ! Dans le Sud, notamment au Maroc, même lorsqu'il fait très chaud, les hommes restent très élégants. Sans doute parce qu'ils vont à l'essentiel : pour eux, s'occuper de leur famille est plus important que le paraître. L'élégance est une flamme intérieure, une désinvolture. Ce n'est pas une histoire de marques, ni d'apparence qui, pour moi, sont des artifices liés à la représentation sociale.

Votre penderie est-elle élégante ?

Les vêtements prennent de moins en moins d'importance dans ma vie. Dans les années 1980, j'ai beaucoup fréquenté le monde de la mode, notamment Yves Saint Laurent. Forcément, c'est inspirant ! Aujourd'hui, je suis fidèle à mes vêtements, je porte beaucoup de vieilles pièces et je m'habille toujours de la même façon : une veste bien coupée, un pantalon simple et des belles chaussures sans chaussettes. Sobre et beau. J'aime beaucoup les uniformes : je rêve d'avoir dix chemises et dix costumes, tous pareils. Mais je n'y arrive pas encore. C'est une démarche très sophistiquée : il faut être très sûr de soi et de ses choix.

« JE NE SUIS PAS FOU DE LA MORALE, MAIS J'AIME LA COURTOISIE. »

« J'AI TOUJOURS RÊVÉ D'UNE VESTE BLEU KLEIN, ET PAR HASARD, ALORS QUE JE VENAIS D'ÉNONCER MON SOUHAIT À UNE AMIE AU COURS D'UNE PROMENADE DANS PARIS, JE SUIS TOMBÉE SUR CELLE-CI. »

Chemise et pantalon Yves Saint Laurent. Chaussures Paul Smith. Bracelets brésiliens.

“ LA CLOPE À LA MAIN, C'EST L'ÉLÉGANCE. ”

« Depuis que j'ai assisté à la vente aux enchères des fournitures de bureau de Marlon Brandon, j'ai eu envie de me faire faire du beau papier à lettres. J'envoie souvent des lettres. Écrire, c'est élégant. »

L'élégance a donc à voir avec le charisme ?

Exactement, c'est comme une vie à côté. Croiser une personne élégante me transporte ailleurs. Rien à voir avec l'extrême beauté qui me met mal à l'aise. L'élégance est davantage liée à une recherche personnelle, à un état d'esprit, un art de vivre, une harmonie avec la nature. Pour moi, Christine Angot et Florence Aubenas, deux femmes pas spécialement belles, sont très élégantes. Il m'est plus difficile de donner des exemples d'hommes élégants. Ils ont un côté enfantin. Et l'enfant est rarement élégant. Souvent, les hommes se contentent de copier. Quel intérêt à singer Gary Cooper ? Il ne suffit pas d'acheter des Berlutti ou de porter les guêtres de Boni de Castellane pour être chic. L'élégance n'est pas passéiste. Johnny Depp est un homme élégant, il a une posture qui vient de loin, de sa culture indienne. Gainsbourg était un dandy, pas une brute mais un homme très érudit. Pour moi, l'élégance est liée aux mots. On apprend beaucoup par les livres, c'est salvateur.

Veste Comme des Garçons.
Tee-shirt American Apparel.
Pantalon Yves Saint Laurent.

La courtoisie est-elle une valeur démodée ?

Au contraire ! C'est un code indispensable de la société. On gagne du temps avec les gens bien élevés : les ego sont oubliés, on se met au service des autres. La courtoisie s'apprend par le contact avec les autres. Or, à l'heure où, en groupe, dans un bar, chacun est penché sur son smartphone, on se renferme sur soi et on est de moins en moins concerné par l'autre. Cette attitude me choque. Pour moi, la pire goujaterie est la rupture par SMS ! La galanterie est tout sauf démodée. Les femmes, même les plus féministes, adorent qu'on leur tienne la porte. D'ailleurs, j'aime beaucoup offrir des fleurs. L'élégance tient aussi au mystère : emmener une personne dîner au Costes, c'est social. Trouver une adresse mystérieuse, un restaurant un peu secret, c'est mieux. Une intimité se crée.

MESSIEURS, ARRÊTEZ DE VOUS PRENDRE POUR DES SUPER-HÉROS !

LES ÉTRANGERS SE MOQUENT GENTIMENT DES DÉJEUNERS ET DÎNERS D'AFFAIRES À RALLONGE DES FRANÇAIS, SI GOURMANDS ET JOUISSEURS. DÈS QU'IL S'AGIT DE NÉGOCIER, ON PREND LE TEMPS DE SE POSER. MAIS SOMMES-NOUS TOUJOURS FIDÈLES À NOTRE RÉPUTATION DE JOYEUX ÉPICURIENS ? MALHEUREUSEMENT NON !

Les jeunes écoliers français sont les plus stressés des pays industriels et le sur-stress au travail touche 25 % des hommes. Surcroît de pression lié à la crise, obsession de la performance, le terrible burn-out guette les Français. Les épreuves de la vie laissent des traces dans notre corps. Entendez ce qu'il vous dit et donnez-vous les moyens de vous préserver du tumulte. Accordez-vous des pauses (la « pause-café » ne suffit pas !) : dîner entre amis, balade en forêt avec ses enfants, massage du dos, week-end en amoureux… Du temps pour soi, c'est aussi prendre conscience d'un corps que l'on a tendance à oublier.

Un corps, ça rouille vite ! Le seul moyen de le réveiller est de se (re)mettre au sport. L'activité booste aussi les cellules grises !

Tee-shirt COS.

LES CONSEILS D'ANGÈLE FERREUX-MAEGHT, EXPERT ÈS CUISINE DÉTOX

Si vous êtes attentif à ce que vous mangez, vous savez vous arrêter avant de vous resservir. Soyez conscient de ce qu'il y a dans votre assiette.

✖ Évitez les mauvaises graisses (charcuterie, fromage, pâtisserie...).

✖ Éliminez le sucre raffiné, les aliments transformés (barres chocolatées, gâteaux secs, chips, plats industriels...) – autant de calories vides qui pompent l'énergie, dépriment et fabriquent ces jolies bouées autour de la taille.

✖ N'abusez pas du café : il procure un pic d'énergie qui retombe vite.

✖ Le matin, préparez-vous un jus de pomme + spiruline (en magasin bio). Ce *green juice* aide les fumeurs à éliminer.

✖ Évitez le soja bourré d'œstrogènes. Préférez-lui des céréales comme le quinoa, le sarrasin, l'orge ou le millet.

✖ Déjeunez après le sport, sinon votre énergie va être utilisée pour la digestion.

✖ En avion, pour arriver à destination frais et dispo, zappez les plateaux-repas bourrés de sel. Emportez un sachet de soupe miso avec un fruit. Et oubliez l'alcool dont les effets sont doublés en vol.

✖ Tous les ans, faites une cure de gelée royale pure. Avant l'hiver, prenez de la propolis pour booster les défenses immunitaires. Si vous êtes malade, suivez le réflexe des enfants qui, lorsqu'ils ont de la fièvre n'ont pas faim, et profitez-en pour vous offrir une journée de jeûne avec une soupe miso, du bouillon, du thé vert... Cela permet au corps de concentrer son énergie sur la guérison.

UNE JOURNÉE DÉTOX POUR SE PURIFIER

PETIT-DÉJEUNER

✖ Un jus de légumes ou un jus de citron au gingembre (moins acidifiant que l'orange ou le pamplemousse).

✖ Une poignée d'amandes + deux abricots secs.

✖ Deux œufs + deux tranches de pain complet.

DÉJEUNER ET DÎNER

✖ Buvez un verre d'eau 15 minutes avant de vous mettre à table. Puis commencez le repas par des crudités pour les vitamines et les fibres avant de passer au plat principal. Le principe est de toujours associer protéines et légumes ou féculents et légumes.

✖ Pâtes aux légumes grillés + tarte aux fruits ou compote

OU Risotto aux champignons + fruits cuits

OU Viande ou poisson ou fruits de mer avec des légumes + pomme, ananas, fruits rouges.

SI VOUS ÊTES VÉGÉTARIEN, trouvez votre dose de protéines en associant féculents (1/3) et céréales (2/3) : pois chiches + semoule ; riz + haricots rouges.

SATYA OBLETTE
MANNEQUIN ET ÉGÉRIE

Comment êtes-vous tombé dans la mode ?

Après un pari ! À 22 ans, j'étais ingénieur aéronautique et pour moi, la mode n'était pas un métier. J'ai bêtement parié que n'importe qui pouvait être mannequin et j'ai tout fait pour gagner mon pari. Non sans galères. À l'époque, j'étais très typé, grande barbe, cheveux longs et noirs… Peu d'agences croyaient en moi. Jusqu'au jour où j'ai croisé un vieillard indien aux longs cheveux blancs. Quelle allure ! J'ai voulu lui ressembler. J'ai barbouillé au Tipp-Ex mes cheveux sur une photo pour la montrer à un coiffeur : « Je veux ça ! » J'ai bien fait d'insister, ma carrière a décollé à partir de là. J'ai défilé dans la foulée pour Gaultier avec les plus grands top-models puis travaillé pour Kenzo, Gianfranco Ferre, Mondino, Newton, Ellen von Unwerth…

« Après quinze ans de blondeur, j'arrête ! » Pull Zapa.

La mode vous a-t-elle inculqué le goût pour les beaux vêtements ?

Il y a quinze ans, à l'époque où je travaillais comme mannequin, on avait le sentiment de porter des vêtements exceptionnels. On les sublimait, on les rendait sexy… On venait avec notre morphologie, nos formes, ils étaient retouchés pour nous. Aujourd'hui, si vous ne rentrez pas dans telle veste, on vous sort. D'ailleurs, les jeunes mannequins actuels ont l'air de se moquer totalement de ce qu'ils portent. Le processus créatif me passionne. J'ai eu la chance de pouvoir assister aux étapes de fabrication des vêtements chez Kenzo, Gaultier, Marant, Dreyfuss… De voir Lesage créer des broderies à Madras… J'adore les usines de fabrication, toucher les machines, les matières. J'ai besoin de savoir d'où vient le vêtement, comment et par qui il a été fabriqué. Aujourd'hui, je sais reconnaître une bonne coupe, une belle matière, faire la différence entre un cachemire qui va durer trois jours et un authentique. Je prêche pour l'artisanat et la passion, plus que pour le made in France.

Pantalon Consuelo Zoelly.
Caban en cuir Zapa.
Souliers Jean-Baptiste Rautureau.

« JE N'ACHÈTE JAMAIS LA MARQUE POUR LA MARQUE : JE SAIS TROP BIEN LA FAÇON DONT LES VÊTEMENTS SONT FABRIQUÉS POUR ME LAISSER INFLUENCER PAR LA GRIFFE. »

Vous n'avez donc aucune difficulté à vous habiller ?

En fait, si ! J'ai des lacunes.
Le shopping n'est jamais un moment choisi, j'achète sur un coup de cœur, au hasard d'une balade, d'un rendez-vous de travail… Si je ne me fais jamais avoir sur la qualité, je dois me faire aider sur mes choix. J'ai besoin de retrouver une inspiration : un vêtement qui me rappelle une pièce que j'ai aimé porter ou une époque revisitée par le créateur.
Je n'achète jamais la marque pour la marque : je sais trop bien la façon dont les vêtements sont fabriqués pour me laisser influencer par la griffe. Mais j'ai quelques références incontournables comme Kiton, la rolls italienne du vêtement, qui, hélas, coûte une fortune et Zapa qui, étrangement pour une marque d'abord consacrée au vestiaire féminin, propose un meilleur choix de vêtements pour les hommes.

Vous arrive-t-il de faire des fautes de goût ?

Oh oui ! Je tombe parfois sur des photos de moi sur Google Images et je suis catastrophé ! Des camaïeux ratés, des mélanges écœurants de couleurs, des mélanges loupés de carreaux et de rayures… Je ne le fais pas exprès. J'aime bien toutes ces pièces. Séparément. Je ne devrais pas les marier. Parfois, c'est tout ce que j'ai sous la main. Heureusement, mon statut de personnalité de la mode me sauve. On se dit : « Le mec, c'est tellement pas possible qu'il veut lancer une mode ! » Ce n'est pas très important, même si je suis dans l'image, la représentation m'indiffère. Je préfère l'improvisation au manque de spontanéité de l'homme qui a un planning hebdomadaire de pantalons !

Gardez-vous longtemps vos vêtements ?

Je fais tout pour ! Mais je les perds, je les oublie, je les laisse au pressing… Et je m'en veux beaucoup. J'ai perdu mes deux sublimes costumes faits sur mesure. Parfois, je les retrouve des années après dans des hôtels. Je pense que c'est inconsciemment lié à mon histoire personnelle. J'ai été adopté à Pondichéry dans des conditions dramatiques, j'ignore qui est mon père biologique. Petit, j'ai été beaucoup balloté sans qu'on m'explique d'où je venais. J'ai pris de bonnes résolutions : cette année, j'arrête de tout semer...

En total look Zapa : « Je sais que ça ne se fait pas, mais je ne l'ai pas fait exprès ! »

TU NOUS ENFUMES AVEC TON CIGARE !

ON SAIT QUE « FUMER TUE » – OUI, MÊME LE CIGARE – MAIS C'EST PARFOIS SI SÉDUISANT. ON PENSE À STEVE MCQUEEN DANS *L'AFFAIRE THOMAS CROWN,* À CLINT EASTWOOD ÉPOQUE SERGIO LEONE, JACQUES DUTRONC, TONY SOPRANO... COMME LE VIN, C'EST UN PRODUIT DE TERROIR, NOBLE, FAIT À LA MAIN ET QUI A NÉCESSITÉ UN SAVOIR-FAIRE SÉCULAIRE. RESPECT !

Rendez-vous dans une civette, le nom charmant attribué aux boutiques de cigares, qui possède une belle armoire à cigares et propose un large choix de terroirs (Cuba, Saint-Domingue, Honduras, Nicaragua...). Évitez les cigares qui auront séjourné dans de petites armoires en plein soleil à côté des cartes postales et des tickets de Loto des magasins de tabac-presse. Alban Cordier, membre du Comité de dégustation de l'amateur de cigares, conseille de ne pas commencer par un cigare trop fort en goût ou trop corsé : « Les cigares de Saint-Domingue ou du Honduras sont à ce titre un bon point d'entrée. »

OÙ, QUAND, COMMENT FUMER LE CIGARE ?

Il faut l'apprécier, le déguster sans se précipiter et être dans de bonnes conditions pour le faire : chez soi, dans un fumoir, en tout cas dans un endroit un peu protégé. Notre spécialiste ès cigares déconseille fortement de faire une première expérience après un repas copieux et bien arrosé, car les papilles sont saturées. En revanche, il recommande de s'hydrater énormément, sinon la première expérience pourrait tourner à la mésaventure, provoquant maux de tête ou nausées. « Je déconseille d'accompagner votre cigare d'un alcool trop puissant ou d'un cocktail trop sucré, précise-t-il. En fait, il ne faut rien qui détourne du goût du cigare ! Mais la règle unique reste de se faire plaisir. »

COMMENT S'Y RECONNAÎTRE ?

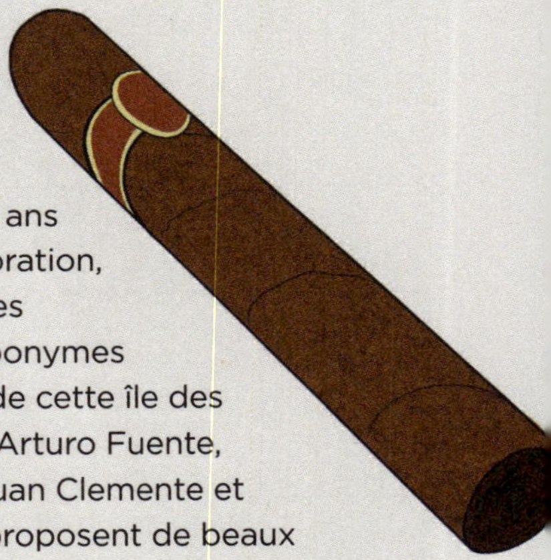

« Vous avez les fameux cigares de Cuba (+ de 300 références) qui vont du plus doux au plus corsé, explique Alban Cordier. Même si les choses évoluent un peu, les *puros* cubains sont réputés pour être plus subtils et offrir plus de matière et de force que les productions des autres terroirs. Leur spectre aromatique évoque des goûts terreux, de café torréfié, de cacao, de champignon et de musc. Ils conviennent aux palais à la recherche d'un produit mature et sont très clairement mes préférés. Partagas, Bolivar, Ramon Allones, H. Upmann et Saint Louis Rey sont mes marques de référence. L'autre terroir renommé est celui de la République dominicaine, plus doux, moins opulent que le Havane. Je leur reproche, pour ma part, un certain manque de puissance et une palette aromatique un peu étroite, fleuretant souvent avec des notes végétales et herbacées. À noter que depuis que Zino Davidoff a mis un terme à son aventure cubaine en 1989, après cinquante ans de collaboration, les célèbres cigares éponymes viennent de cette île des Caraïbes. Arturo Fuente, Ashton, Juan Clemente et Pléiades proposent de beaux produits. Plus confidentiels mais en constante progression, le Honduras et Nicaragua méritent d'être pris au sérieux. Si les cigares du Honduras sont généreux et harmonieux, je leur préfère les produits du Nicaragua pour leur côté corsé assez proche des cigares cubains. Flor de Selva pour le Honduras et Cumpay, Don Pepin Garcia, Nicarao, Oliva et Tatuaje pour le Nicaragua doivent être cités en exemple. Même en matière de cigares, les goûts changent. Les producteurs ont fait évoluer leur offre vers des produits aux saveurs plus accessibles et plus faciles à fumer, séduisant les plus jeunes et les femmes. »

PEUT-ON RAPPORTER UN CIGARE DE CUBA OU SAINT-DOMINGUE ?

Bien sûr, à condition de respecter les quotas douaniers – une cinquantaine de cigares par personne majeure – et de ne pas les acheter dans la rue. Il y a beaucoup de contrefaçons et c'est totalement interdit par la loi ; si vous vous faites pincer à Cuba, au mieux c'est la saisie et une amende avec la possibilité de passer par la case prison. « Sachez que le cigare est un produit d'assemblage dont seul le maître de *liga* connaît la recette, même les rouleurs ne la connaissent pas », signale le spécialiste. Le secret d'un grand cigare est lié à la qualité et au choix des matières premières ; c'est pour cette raison qu'il est impossible de trouver dans la rue les mêmes cigares que ceux roulés dans une fabrique officielle et vendus dans les Casa del Habano à Cuba.

LES RÈGLES D'OR DU PARFAIT FUMEUR DE CIGARES

✖ Avoir une guillotine pour couper le cigare, ou de bonnes dents et un peu de technique si on souhaite s'en passer : Alban Cordier aime couper les siens avec les dents, à la Clint Eastwood.

✖ Surtout, ne jamais allumer son cigare avec un briquet à essence, cela en altère le goût, mais utiliser des allumettes.

✖ Ne pas expérimenter un nouvel alcool, au risque de trop distraire ses papilles.

✖ Éviter les images d'Épinal type cognac / cigare ou cigare / whisky.

✖ Ne pas avaler la fumée, mais la faire passer par le nez.

✖ Souffler de temps en temps dans son cigare pour le « dégazer » et ainsi en chasser les agents irritants (ammoniac et azote) naturellement présents dans le tabac et qui provoquent une désagréable sensation d'âcreté.

✖ Ne jamais tremper un cigare dans un verre d'alcool !

✖ Si votre cigare s'est s'éteint, rallumez-le. Même plusieurs heures après. Oui, on peut !

À TABLE !

À L'ÉTRANGER, LE *FRENCH RESTAURANT* A TOUJOURS LA COTE : LA NAPPE BLANCHE, LE MAÎTRE D'HÔTEL, LE SERVICE À TABLE, LE RITUEL DE LA COMMANDE, LE CHAMPAGNE À L'APÉRITIF… TYPIQUEMENT FRANÇAIS ET TERRIBLEMENT EXOTIQUE HORS DE NOS FRONTIÈRES.

« Aux États-Unis, dans l'échelle des séducteurs, le chef français arrive juste après James Bond ! » s'amuse Éric Fontanini, chef du Restaurant du Palais Royal. Et les plus grands restaurants du monde continuent à puiser leurs inspirations auprès de la cuisine de nos chefs étoilés : Paul Bocuse, Alain Ducasse, Pierre Gagnaire, Anne-Sophie Pic, Jean-François Piège…

PHÉNOMÈNE NOUVEAU, DEPUIS QUELQUES ANNÉES, de nombreux chefs se donnent le mot pour sortir des guides gastronomiques. Le suicide de l'étoilé Bernard Loiseau en 2003, suite à la rétrogradation de sa note dans le *Gault&Millau* et à l'annonce d'une perte éventuelle de sa troisième étoile, a marqué les esprits. « Perdre une étoile, ça veut dire quoi, se demande le chef Éric Fontanini ? Sur quoi le critique juge-t-il ? Sur un repas ? La bonne note est une reconnaissance pour toute l'équipe mais c'est trop de stress, et je pense que les clients s'en fichent. Et pourquoi faire confiance à un guide dont le critique est venu une seule fois et trois ans avant ? » Dans le même temps, le petit livre rouge et ses compères ont perdu de leur superbe et de leur influence au profit des sites participatifs de conseils et des blogs. On sait aujourd'hui en temps réel où déguster le meilleur gratin dauphinois et où on doit l'éviter. Nos blogs préférés : Et Toque, Simon Says, Table à découvert, foodintelligence, Le blog de Gilles Pudlowski…

MÊME À PARIS, CAPITALE DE LA GASTRONOMIE, il est difficile de trouver un bistrot qui offre une cuisine réalisée sur place : par souci d'efficacité, de temps et de rentabilité, les cuisiniers ont pris l'habitude de proposer des légumes surgelés, des plats traditionnels sous vide qui passent au micro-ondes, des desserts standardisés vendus en barquette de 5 kilos. Malheureusement, aucune loi n'oblige – pour le moment – à signaler que la cuisine est entièrement faite maison. Il vous reste à fuir les chaînes de bistrot. Et pour les autres, à mettre en alerte votre intuition, vos papilles, et votre odorat pour débusquer les tricheurs. Méfiez-vous des bistrots qui servent les mêmes plats dits traditionnels. Halte aux frites calibrées comme des Lego, à la souris d'agneau qui se délite, au tartare rosé… ! Réanimez votre palais ! Après avoir été échaudés par la vache folle et les crises de l'industrie agroalimentaire, nous retrouvons le plaisir de nous mettre aux fourneaux pour des « petites bouffes entre amis ». Les émissions de télé-réalité sur la cuisine cartonnent, les écoles de cuisine font le plein. Et tant pis si on a oublié le sel dans la blanquette ou mal fait rissoler les oignons, on prend le risque de se tromper ! Sans complexe. « Comme un chef, on prend du plaisir à cuisiner et on en donne, commente Éric Fontanini.

IL N'Y A RIEN DE PLUS CULTUREL QUE LA CUISINE. Réunir ses amis autour d'une table évoque peut-être aussi une cellule familiale qui s'est dissoute. Pourquoi s'en priver alors que la France a la chance d'avoir un terroir ? Sortez de France, vous ne pourrez pas trouver de beurre, de crème ou de gibier. Essayez de faire de la pâte feuilletée à Los Angeles ! »

SI ON N'Y CONNAÎT RIEN EN VIN, COMMENT S'Y RETROUVER ?

Évitez les supermarchés et ayez la curiosité de rencontrer les vignerons ou de trouver un vrai caviste indépendant. Mais vous ne pourrez jamais savoir si le vin est bon avant d'avoir ouvert la bouteille. Même l'étiquette « Bio » ou le « R » de Récoltant sur la capsule ne sont pas des gages de qualité. Laurent Dupuis, caviste et fondateur du bar à vins, L'Eau Ferrugineuse, à Montrouge, confirme : « Rien n'indique sur la bouteille que vous allez tomber sur un mauvais vin. Ce n'est pas non plus une question de prix. À part pour les vins naturels où on évite de descendre en dessous de 8 euros. Acceptez de vous faire conseiller et soyez curieux. Ne vous laissez pas influencer par la jolie étiquette. Et ne pensez pas que les femmes n'aiment que les vins dits légers ! » On confirme !

À LIRE : *France Bistrots* de Gilles Pudlowski (éditions de La Martinière). *Morceaux choisis* de Hugo Desnoyer (éditions First). Les meilleures recettes d'un boucher passionné.

LES ADRESSES QUE L'ON SE REPASSE DE CONNAISSEUR À CONNAISSEUR

CHEMISES SUR MESURE

CHARVET
28, place Vendôme,
75001 Paris
01 42 60 30 70
L'adresse la plus connue des amateurs de chemises sur mesure. Y aller rien que pour s'enivrer d'étoffes et de couleurs.

ÉDOUARD COURTOT
113, rue de Rennes,
75006 Paris
01 45 48 54 86

LUCCA
58, boulevard des Batignolles, 75017 Paris
01 43 87 75 10

ROLLY
7, rue Washington,
75008 Paris
01 43 59 42 80

CHEMISES EN DEMI-MESURE

MICHAEL OHNONA
1, rue de Marivaux,
75002 Paris
01 49 26 01 59
En moins de trois semaines, une chemise en demi-mesure. Vous pouvez aussi choisir l'emplacement du premier bouton, détail important pour ceux qui n'aiment pas porter de cravate.

RALPH LAUREN
173, boulevard Saint-Germain, 75006 Paris
01 44 77 76 00
Des chemises en demi-mesure de fabrication italienne. Sept semaines de délai, option logo joueur de polo au choix.

SUR INTERNET :
www.saintsens.com
chatolufsen.blogspot.fr

TAILLEURS

CAMPS DE LUCA
Tailleur grande mesure
11, place de la Madeleine,
75008 Paris
01 42 65 42 15

GONZALEZ
Tailleur grande mesure
3, place André-Malraux,
75001 Paris
01 42 60 61 02

GUILSON
Tailleur grande et demi-mesure
3, rue Saint-Philippe-du-Roule, 75008 Paris
01 45 62 33 16

Rage et ses foulards de chez L'Éclaireur et de chez Victoire Homme.

TAILLEURS DEMI-MESURE

DAVID DIAGNE
58, rue des Mathurins,
75008 Paris
01 44 56 97 88
David Diagne met son talent de tailleur à votre entière disposition. Son rêve : que vous réalisiez le vôtre !

EGLÉ BESPOKE
26, rue du Mont-Thabor,
75001 Paris
01 44 15 98 31
Une jolie boutique où l'on peut se faire faire de splendides vestes doublées avec drapeau du pays de son choix.

MARC GUYOT
5 et 8, rue Pasquier,
75008 Paris
01 47 42 41 84

SMUGGLER
36, rue de Courcelles,
75008 Paris
01 42 25 01 70
Du demi-mesure, industriel de qualité, made in France.

SMOKINGS ET TENUES DE SOIRÉE

LAGONDA
6, rue Benjamin-Franklin,
75016 Paris
01 45 20 77 18
L'un des spécialistes des smokings et des habits de soirée à louer ou à acheter.

LES DEUX OURSONS
106, boulevard de Grenelle, 75015 Paris
01 45 75 10 77
Une des plus vieilles adresses à Paris pour louer vestes, smokings et vêtements de cérémonie.

STARK AND SONS
16, rue de la Paix
75016 Paris
01 42 61 66 41
Trois générations de tailleurs s'y sont succédé et les académiciens s'y font toujours tailler leur célèbre habit ! Un service après-vente infaillible : un vêtement Stark and Sons sera retouché, redoublé, remis en état et vérifié par les tailleurs de la maison.

SUR INTERNET :
www.swannetoscar.com

BOUTIQUES ET CONCEPT STORES

13 BONAPARTE
2 *bis,* rue de Normandie,
75003 Paris
Une toute nouvelle marque pour homme : des pièces sobres, bien coupées et bien pensées.

LE 66 CHAMPS-ÉLYSÉES
66, avenue des Champs-Élysées, 75008 Paris
01 53 53 33 80
Plus de 1 000 m² dédiés à la mode homme et femme : impossible de ne pas y trouver son bonheur et quelques pièces rares et exclusives.

AMI
109, boulevard Beaumarchais,
75003 Paris
09 83 27 65 28
Une chouette marque qui propose un dressing « chic, facile et cool » dans des matières naturelles et classiques.

APRIL77
49, rue de Saintonge,
75003 Paris
01 40 29 07 30
Le fameux jean au médiator. Chino, perfecto, chemise bûcheron, blouson, boots, tout est fité. Le plus : la marque proscrit toute matière d'origine animale.

APC
38, rue Madame,
75006 Paris
01 42 22 12 77
Une des adresses incontournables des Parisiens, connue pour ses jeans bruts et résistants au temps. On y trouve des pièces classiques qui ont pourtant un je-ne-sais-quoi d'audacieux venu d'ailleurs.

BALIBARIS
14, rue de Marseille,
75010 Paris
01 42 41 52 44
La petite marque online made in France a enfin une adresse « en dur », l'occasion d'aller piocher des pièces intemporelles.

BHV HOMME
36, rue de la Verrerie,
75004 Paris
09 77 40 14 00
Avec son nouvel espace dédié à l'homme moderne.

LE BON MARCHÉ
24, rue de Sèvres,
75007 Paris
01 44 39 80 00
Le premier grand magasin parisien et un bel espace homme.

CENTRE COMMERCIAL
2, rue de Marseille,
75010 Paris
01 42 02 26 08
Le joli concept-store qui monte et prend soin de ne présenter que des marques made in France ou éthiques.

COLETTE
213, rue Saint-Honoré,
75001 Paris
01 55 35 33 90
On l'aime autant pour son choix pointu de vêtements et d'accessoires que pour sa librairie.

LA COMÉDIE HUMAINE
24, rue Yves-Toudic,
Paris 75010
Des basiques revisités avec soin dans la qualité artisanale française.

L'ÉCLAIREUR
8, rue Boissy-d'Anglas,
75008 Paris
01 53 43 80 12
Un choix un tantinet snob, mais si beau...

FRENCH TROTTERS
128, rue Vieille-du-Temple,
75003 Paris
01 44 61 00 14
Une sélection inédite de créateurs casual chic, mixée à sa propre marque.

KITSUNÉ
10, rue Chauchat,
75009 Paris
01 42 62 64 63
Plus que des vêtements, un art de vivre, créé par Masaya Kuroki et Gildas Loaëc venus de la musique. Des basiques travaillés sur de nouveaux volumes, de belles matières.

PROFILO ITALIANO
113, rue du Cherche-Midi,
75006 Paris
01 42 22 04 17
L'élégance made in Italy en plein cœur de Paris !

PIERRE TALAMON
15, rue du Temple,
75004 Paris
01 42 71 06 17
De la couleur et de la rigueur, une marque élégante qui change.

SURFACE TO AIR
108, rue Vieille-du-Temple,
75003 Paris
01 44 61 76 27
La référence de la bonne dégaine rock parisienne.

VICTOIRE HOMMES
4, rue Duphot, 75001 Paris
01 42 60 20 62
En plus d'un choix large, sophistiqué mais jamais snob, les hommes y reviennent pour les excellents conseils délivrés par des vendeuses qui savent ne pas vous forcer la main.

Romain Biette porte une veste militaire achetée en friperie, une chemise Loxwood, un jean Uniqlo et des souliers Fratelli Rossetti.

SUR INTERNET :

www.leonflam.com/
Bagages et accessoires pour homme.

www.leslipfrancais.fr/
Le Slip Français est une marque de sous-vêtements pour homme 100 % made in France. Pour être beau même en slip !

www.yoox.com
Une ressource inépuisable dans laquelle on trouve énormément de choses à condition de savoir chercher.

www.mimilamour.com
Des bijoux spontanés réalisés à partir de chaînes eighties ou contemporaines et de pièces détournées. Pour hommes et femmes.

unionmadegoods.com
« Sans doute la meilleure boutique en ligne menswear à l'heure actuelle. » (Pierre-Antoine Lévy)

www.drakeslondon.com
Pour les cravates et les écharpes.

www.patriziocappelli.it
Un excellent fabricant napolitain de cravates dont le site permet d'effectuer des réalisations sur mesure.

LES ADRESSES

FRIPERIES ET VINTAGE

CHEZ STÉPHANE
67, place du Docteur-Félix-Lobligeois, 75017 Paris
01 42 26 00 14
Les amateurs de belles étoffes et de belles coupes y trouveront leur bonheur.

KILIWATCH
64, rue Tiquetonne, 75001 Paris
01 42 21 17 37

OH LUMIÈRE
21, avenue de la République, 75011 Paris
01 43 57 51 26

VERTIGES
85, rue Saint-Martin, 75004 Paris
01 48 84 34 64
« Une excellente friperie parisienne, spécialisée dans le vêtement militaire ; pièces vintage classiques, vestes originales... Tout est bon à prendre. » (Virgile Mercier)

SUR INTERNET :

www.savvyrow.co.uk
Pour chiner en ligne « vintage british classic » ; pour se faire une allure à la Cary Grant en un clic ! Les plus grands noms de Savile Row s'y trouvent.

www.vintagetrends.com
Un excellent site qui permet souvent de trouver des vestes militaires d'époque.

RETOUCHEURS

ATISH RETOUCHES
13, rue de Penthièvre, 75008 Paris
01 44 56 04 33
« Le meilleur retoucheur de Paris. » (Alban Cordier)

YASSI COUTURE
24, rue Robert-Fleury, 75015 Paris
01 40 56 33 83
« Parce que tout homme devrait avoir un retoucheur de confiance ; Yassi est une excellente couturière, disponible et à l'écoute des désirs de ses clients. » (Pierre-Antoine Levy)

BOUTONNERIE

FLORENT ROINA
73, rue Charlot, 75003 Paris
01 42 74 12 44
Pour avoir de belles boutonnières à l'ancienne.

SOULIERS

ALTAN, BOTTIER & PATINE
33, rue de Miromesnil,
75008 Paris
01 44 56 03 88

LA BOTTE GARDIANE
25, rue de Charonne,
75011 Paris
09 51 11 05 15

L'ATELIER CAULAINCOURT
11 *bis,* rue Chomel,
75007 Paris
01 42 84 29 78

ATELIER CATTELAN
128, rue de Grenelle,
75007 Paris
01 45 55 17 70

CALCEOM
129, rue de Sèvres,
Paris 75006
01 47 34 08 11
Le nouveau temple des beaux souliers pour les passionnés. On y trouve des marques comme Zonkey Boot, Gaziano & Girling ou encore Tricker's.

CORTHAY
1, rue Volney, 75002 Paris
01 42 61 08 89

CROCKETT & JONES
14, rue Chauveau-Lagarde,
75008 Paris
01 44 94 01 74

PHILIPPE ZORZETTO
106, rue Vieille-du-Temple,
75003 Paris
01 42 71 39 04

SUR INTERNET :
www.petesorensen.com

CIREURS

SALON BABA
34, rue Jean-Mermoz,
75008 Paris
01 42 56 35 53
« Baba a ouvert un salon cireur il y a une vingtaine d'années. Il est époustouflant et redonne vie à toutes les chaussures. » (Alain Gossuin)

PAULUS BOLTEN
87, avenue Mozart,
75016 Paris
01 42 88 73 68

TALON ROUGE
10, rue du Laos
75015 Paris
09 51 93 27 91

SUR INTERNET : PATINEUR
www.hom-made.com

GANTIERS

CAUSSE
12, rue de Castiglione,
75001 Paris
01 49 26 91 43
Maître gantier à Millau et à deux pas de la place Vendôme.

MAISON LAVABRE CADET
32-33, galerie Montpensier, 75001 Paris
01 42 61 47 85
Maître gantier à Millau et sous les arcades du Palais-Royal.

MAROQUINIERS

JÉRÔME DREYFUSS
1, rue Jacob, 75006 Paris
01 43 54 70 93

MAISON E. GOYARD
233, rue Saint-Honoré,
75001 Paris
01 42 60 57 04

LUNETTES

LE BAR D'OPTA
63, rue des Abbesses,
75018 Paris
01 53 28 46 80

BOURGEOIS-L'INGENIEUR CHEVALLIER
Maison fondée en 1740
17, rue des Pyramides,
75001 Paris
01 53 28 46 80

EYESPLEASURE
40, rue Saint-Sulpice,
75006 Paris
01 44 07 11 99

MEYROWITZ
5, rue de Castiglione,
75001 Paris
01 42 60 63 64

OPTIQUE DURABLE
2, rue Amelot,
75011 Paris
01 48 06 38 50

CIGARES

À LA CIVETTE
157, rue Saint-Honoré,
75001 Paris
01 42 96 04 99

CHEZ LEMAIRE
59, avenue Victor-Hugo,
75016 Paris
01 45 01 70 65

DRUGSTORE PUBLICIS
133, avenue des Champs-Élysées, 75008 Paris
01 44 43 75 07

LA CIVETTE DE NEUILLY
105, avenue Charles-de-Gaulle, 92200 Neuilly-sur-Seine
01 46 40 03 21

BARBIERS

ALAIN MAÎTRE BARBIER
8, rue Saint-Claude,
75003 Paris
01 42 77 55 80

L'ATELIER GENTLEMEN
17, rue Caulaincourt,
75018 Paris
01 42 52 54 79

LA BARBIÈRE DE PARIS
14, rue Condorcet,
75009 Paris
01 45 26 92 45

LES MAUVAIS GARÇONS
60, rue Oberkampf,
75011 Paris
01 48 05 73 58

BEAUTÉ, BIEN-ÊTRE & PARFUMS

CHRISTOPHE BOITEAU (FASCIATHÉRAPEUTE)
56, rue Fénelon,
92120 Montrouge
06 14 12 78 44

PARFUMS CARON
34, avenue Montaigne,
75008 Paris
01 47 23 40 82

LE CERCLE DELACRE (BEAUTÉ/COIFFURE/ MASSAGE)
17, avenue George-V,
75008 Paris
01 40 70 99 70

EDGE (COIFFURE)
10, rue du Chevalier-Saint-Georges, 75001 Paris
01 42 60 61 11

JEAN-CLAUDE GALLON (COIFFURE)
3, rue Paul-Louis-Courier,
75007 Paris
01 42 22 04 36

MAISON FRANCIS KURKDJIAN (PARFUMS)
5, rue d'Alger, 75001 Paris
01 42 60 07 07

OPALIS (SOIN DES CHEVEUX)
63, rue de Ponthieu,
75008 Paris
01 45 62 51 55
Des soins miraculeux à base d'huiles essentielles.

BLOGS ET SITES 100 % MASCULINS

www.asuitablewardrobe.dynend.com

www.bonnegueule.fr

www.chatolufsen.blogspot.fr

www.comme un camion.com

www.forthediscerningfew.com

www.fut-il.com

www. lechouandesvilles.over-blog.com

www. leparadigmedelelegance.wordpress.com

www.les-freres-jo.blogspot.com

www.menly.fr

www.mercialfred.com

www.parisiangentleman.fr

BISTROTS RESTOS

L'AVANT-GOÛT
26, rue Bobillot, 75013 Paris
01 53 80 24 00
Une cuisine de ménage modernisée, goûteuse et inventive. Ah ! le cultissime pot-au-feu de cochon aux épices !

LE BAR DES ARTISANS
23, rue des Vinaigriers, 75010 Paris
01 42 01 03 44
Pour s'initier à la détox en douceur... des brunchs inhabituels et colorés bourrés d'antioxydants et de vitamines.

CASA BINI
36, rue Grégoire-de-Tours, 75006 Paris
01 46 34 05 60

LE CHÂTEAUBRIAND
129, avenue Parmentier, 75011 Paris
01 43 57 45 95
Le restaurant d'Inaki Aizpitarte, un univers culinaire atypique et qui fait voyager grâce aux mélanges de saveurs osées et surprenantes.

LE DERRIÈRE
69, rue des Gravilliers, 75003 Paris
01 44 61 91 95
« Il faut réserver la "petite maison" avec une bande d'amis. On y dîne bien, on choisit sa musique, on se déguise et surtout on rigole ! » (Alain Gossuin)

LE FUMOIR
6, rue de l'Amiral-de-Coligny, 75001 Paris
01 42 92 00 24
Un endroit très bien placé et agréable aussi bien pour boire un verre le soir que pour son brunch du dimanche.

KRUNG THEP
93, rue Julien-Lacroix, 75020 Paris
01 43 66 83 74
Excellent thaï.

RESTAURANT DU PALAIS ROYAL
110, galerie de Valois, 75001 Paris
01 40 20 00 27
Une cuisine traditionnelle fraîche et joyeuse au cœur des jardins du Palais-Royal.

PAIN DE SUCRE
14, rue Rambuteau, 75003 Paris
01 45 74 68 92
Ouvert par des anciens de chez Gagnaire.

AU PETIT TONNEAU
20, rue Surcouf, 75007 Paris
01 47 05 09 01
Le vrai bistrot de quartier où il faut vraiment réserver pour avoir une table !

SEMILLA
54, rue de Seine, 75006 Paris
01 43 54 34 50
Réservation obligatoire pour cause de gros succès !

LE TIMGAD
21, rue Brunel, 75017 Paris
01 45 74 23 70
« L'un des meilleurs restaurants orientaux de Paris, pour se sentir loin et à l'époque d'OSS 117. » (Louis-Géraud Pastor)

Merci aux personnalités qui ont partagé avec nous leurs connaissances et avis stylistiques sur l'élégance à la française

Alain, maître barbier

Gilles Bellaloum, cofondateur du concept store Le 66 Champs-Élysées

Christophe Boiteau, fasciathérapeute

Alban Cordier, membre du Comité de dégustation de l'amateur de cigares

Cydonia Courtot, de la maison Courtot

Marc Delacre, fondateur du cercle de soins Delacre

Angèle Ferreux-Maeght, spécialiste de la cuisine détox

Sophie Fontanel, auteure et journaliste

Éric Fontanini, chef du Restaurant du Palais Royal

Samuel Gassmann, fondateur et créateur de la marque éponyme

Dimitri Gomez, bottier

Marc Guyot, créateur et tailleur

Swann et Loïc Joachim, fondateurs du blog « Les Frère JO' »

François-Régis Laporte, cravatier, fondateur de Maison F

Pierre-Antoine Levy, cofondateur du blog « The discerning few »

Olivier Limbourg, créateur du salon de coiffure Edge

Frédéric Malle, éditeur de parfums

Anne de Marnhac, auteure

Virgile Mercier, cofondateur du blog « The discerning few »

Philippe de Chambarlhac, cofondateur de la marque Lagonda

Florence Riboud, directrice artistique chez Victoire Homme

Valérie Roche-Carlotti, fondatrice de la boutique Eyespleasure

Sébastien Talon, professeur de French Etiquette à la Belle École

Gérald Tesson, directeur artistique au Bon Marché

Bertrand Verdet, directeur de magasin Smuggler

Vincent-Louis Voinchet, cofondateur de Comédie Humaine

Département éditorial Styles

Photogravure : Articrom (Italie)

Cet ouvrage a été achevé d'imprimer en avril 2013
sur les presses de l'imprimerie Macrolibros à Valladolid
Dépôt légal : mai 2013
Imprimé en Espagne